Os Negócios
Jurídicos Processuais

Os Negócios Jurídicos Processuais

CONDIÇÕES, ELEMENTOS E LIMITES

2018

Helder Moroni Câmara

NEGÓCIOS JURÍDICOS PROCESSUAIS
CONDIÇÕES, ELEMENTOS E LIMITES
© Almedina, 2018
AUTOR: Helder Moroni Câmara
DIAGRAMAÇÃO: Almedina
DESIGN DE CAPA: FBA
ISBN: 9788584932764

Dados Internacionais de Catalogação na Publicação (CIP)
(Câmara Brasileira do Livro, SP, Brasil)

Câmara, Helder Moroni
Negócios jurídicos processuais : condições, elementos e limites / Helder Moroni Câmara. – São Paulo : Almedina, 2018.

Bibliografia.
ISBN 978-85-8493-276-4

1. Direito internacional 2. Negócio jurídico 3. Processo civil 4. Processo civil - Leis e legislação - Brasil I. Título.

18-14807 CDU-347.9

Índices para catálogo sistemático:

1. Negócios jurídicos : Direito processual civil 347.9

Cibele Maria Dias - Bibliotecária - CRB-8/9427

Este livro segue as regras do novo Acordo Ortográfico da Língua Portuguesa (1990).

Todos os direitos reservados. Nenhuma parte deste livro, protegido por copyright, pode ser reproduzida, armazenada ou transmitida de alguma forma ou por algum meio, seja eletrônico ou mecânico, inclusive fotocópia, gravação ou qualquer sistema de armazenagem de informações, sem a permissão expressa e por escrito da editora.

Abril, 2018

EDITORA: Almedina Brasil
Rua José Maria Lisboa, 860, Conj.131 e 132, Jardim Paulista | 01423-001 São Paulo | Brasil
editora@almedina.com.br
www.almedina.com.br

"C'est l'histoire d'un homme qui tombe d'un immeuble de cinquante étages. Le mec, au fur et à mesure de sa chute, il se répète sans cesse pour se rassurer: 'jusqu'ici tout va bien, jusqu'ici tout va bien, jusqu'ici tout va bien'. Mais l'important n'est pas la chute, c'est l'atterrissage.
(Mathieu Kassovitz *in* La Haine)

"In a sky full of people, only some want to fly,
Isn't that crazy?
In a world full of people, only some want to fly,
Isn't that crazy?"
(Olusegun Olumide Adeola Samuel *in* Crazy)

Ao meu filho Daniel-san, a Formiga-Atômica, e à minha esposa Kaori, razões da existência do presente trabalho.

Aos meus pais, Rosali e Sidônio, por tudo o que fizeram, fazem e seguirão fazendo por mim e por todos que os cercam.

Ao Tio Zé, à Tia Santa, à Vó Lola, à Vó Florinda, ao Vô Teodoro, ao Tio Lau e ao "Padrinho" Adilson, todos os que puxaram minha orelha no momento certo, e abraçam igualmente. Dedico a vocês esta obra pelas incontáveis lições de vida, amor incondicional e saudosos momentos que suplantam o inexorável passar dos tempos e da vida como a conhecemos. Sei que vocês continuam olhando por mim.

AGRADECIMENTOS

Agradeço, em primeiro lugar, ao meu orientador, Professor João Batista Lopes, que me conduziu com generosidade ímpar e paciência inigualável, na realização do presente estudo. Não fosse o norte (em verdade, toda a rosa dos ventos) indicado pelo Professor João Batista Lopes, certamente não teria logrado realizar este feito.

Igualmente agradeço aos Professores Gilberto Jabur e Olavo de Oliveira Neto (e ao Professor Olavo agradeço duplamente: pelas valorosas contribuições na banca de qualificação e de defesa da tese), que, em banca de qualificação perante a PUC/SP, lograram moldar o presente trabalho com valorosos conselhos e sugestões. Também agradeço à Professora Maria Elizabeth de Castro Lopes, que sempre me apoiou neste árduo caminho e que valiosas contribuições e questionamentos suscitou na defesa da tese que deu origem a esta obra. Por fim, mas não menos importante, aos Professores Rogério Licastro e Arlete Aurelli, pelas críticas, contribuições e afetuosa acolhida na banca de defesa da tese que deu origem ao presente trabalho.

Agradeço também ao Ulisses Penachio, Alberto Mattos de Souza e Fabiana Fittipaldi Morade, e a toda equipe do nosso escritório, que, durante minhas constantes ausências tocaram o barco da nossa empreitada com dedicação sem igual, e por discutirem e colaborarem neste trabalho.

Por fim, aos meus familiares e amigos, agradeço pela compreensão quanto às minhas seguidas ausências em todos os eventos e encontros dos quais não pude participar durante essa jornada, e também à Kaori, não só pela compreensão quanto às minhas constantes ausências, mas também pela paciência, incessantes provas de estímulos que sempre me auxiliaram na condução deste trabalho, e pela leitura crítica e comentários precisos.

PREFÁCIO

Identificado com as tendências atuais do processo civil brasileiro e, particularmente, com as modificações introduzidas pelo Código de Processo Civil de 2015 o professor e doutor Helder Moroni Câmara resolveu enfrentar tema complexo, polêmico e de inquestionável atualidade: os *negócios jurídicos processuais*.

Mercê de sua experiência profissional haurida no exercício da advocacia contenciosa e empresarial há quase 20 anos, aliada ao bom aproveitamento obtido nos cursos de mestrado e doutorado da PUC, o autor obteve o título de Doutor em Direito em banca, sob minha presidência, que contou com a presença dos professores Rogério Licastro Torres de Mello, Maria Elizabeth De Castro Lopes, Olavo de Oliveira Neto e Arlete Inês Aurelli.

Em razão de sugestão dos membros da banca, resolveu publicar sua tese, em que, após discorrer sobre a natureza jurídica do processo e procedimento civil, com o objetivo de identificar a qual das correntes doutrinárias se filia o CPC/2015, procede a amplo exame do instituto dos negócios jurídicos processuais no direito estrangeiro com o escopo de identificar seus antecedentes históricos, para debruçar-se sobre a natureza jurídica, conceito e modalidades do instituto.

Preocupou-se, também, e com muita propriedade e percuciência, com os elementos e condições dos negócios jurídicos processuais, com a intenção de identificar as hipóteses nas quais eles seriam existentes, válidos e eficazes, nulos ou anuláveis, para então traçar os limites de sua utilização no novo Código.

Procurou o autor, ainda, delinear uma regra geral para identificação dos limites dos negócios jurídicos processuais, tendo logrado êxito em seu intento.

A riqueza da pesquisa aliada à atualidade do tema e ao estilo objetivo da obra certamente contribuirão para o êxito do lançamento, que marca importante etapa na vida profissional do autor.

Importa ressaltar que, além do mestrado e do doutorado, seu extenso currículo registra o curso de especialização em direito empresarial na FGV, palestras sobre diversos temas jurídicos relevantes, vários artigos doutrinários publicados em coletâneas, bem como a organização do "Código de Processo Civil: Comentado", obra coletiva publicada por esta mesma Almedina Brasil, e a participação como co-autor em códigos de processo civil comentados publicados por editoras outras.

Em suma, cuida-se de obra elaborada por profissional experiente que, a par do rigor científico observado em todos os seus capítulos, oferece informações preciosas sobre o tema, razão por que certamente será bem recebida pelos operadores do Direito e pela comunidade jurídica em geral.

João Batista Lopes
Professor dos cursos de Mestrado e Doutorado da PUC-SP.
Desembargador aposentado TJSP.

ABREVIATURAS

CC – Código Civil de 2002
CF – Constituição Federal de 1988
CPC/1939 – Código de Processo Civil Brasileiro de 1939
CPC/1973 – Código de Processo Civil Brasileiro de 1973
CPC/2015 – Código de Processo Civil Brasileiro de 2015
CPCI – Código de Processo Civil Italiano em vigor
CPCP/196 – Código de Processo Civil Português de 1961
CPCP/2013 – Código de Processo Civil Português de 2013
CPR – *Civil Procedure Rules* Inglesa em vigor
LIDB – Lei de Introdução às normas do Direito Brasileiro
NCPCF – Novo Código de Processo Civil (*Noveau Code de Procédure Civile*) Francês em vigor
Regulamento 737 – Decreto n. 737, de 25 de novembro de 1850
STJ – Superior Tribunal de Justiça
STF – Supremo Tribunal Federal
ZPO – Código de Processo Civil Alemão (*Zivilprozessordnung*) em vigor

SUMÁRIO

INTRODUÇÃO	19
1. PROCESSO E PROCEDIMENTO: NATUREZA JURÍDICA E PRINCIPAIS CONCEPÇÕES	23
1.1 Processo: considerações conceituais	23
1.2 Natureza jurídica	26
1.2.1 Contrato	26
1.2.2 Relação jurídica	29
1.2.3 Situação jurídica	31
1.2.4 Instituição	34
1.2.5 Instituição constitucional .	36
1.3 Procedimento	42
2. NEGÓCIO JURÍDICO PROCESSUAL NO DIREITO ESTRANGEIRO	47
2.1 Alemanha	47
2.2 Estados Unidos da América	51
2.3 França	53
2.4 Inglaterra	55
2.5 Itália	58
2.6 Portugal	60
3. NEGÓCIO JURÍDICO PROCESSUAL BRASILEIRO EM ESPÉCIE	63
3.1 Período anterior ao CPC/2015	63
3.2 Período do CPC/2015	68
3.2.1 Considerações iniciais	68
3.2.1.1 Um novo código e a compatibilização entre publicismo e privatismo	69

3.2.2 Natureza jurídica e conceito ... 74
3.2.3 Modalidades ... 79
    3.2.3.1 Quanto à previsão legal ... 79
    3.2.3.2 Quanto à manifestação de vontade ... 80
    3.2.3.3 Quanto ao momento (necessária a presença de advogado?) ... 81
    3.2.3.4 Quanto ao objeto ... 83

4. ELEMENTOS E CONDIÇÕES DO NEGÓCIO JURÍDICO PROCESSUAL ... 85
4.1 Considerações iniciais ... 85
4.2 Existência, validade e eficácia do negócio jurídico processual ... 87
  4.2.1 Noções gerais ... 87
  4.2.2 O plano da existência ... 88
  4.2.3 O plano da validade ... 92
    4.2.3.1 A constitucionalidade do artigo 190 do CPC/2015 e o princípio (?) do autorregramento da vontade ... 95
    4.2.3.2 As condições gerais de validade ... 104
    4.2.3.3 As condições específicas de validade ... 107
      4.2.3.3.1 Autocomposição ... 108
      4.2.3.3.2 Procedimento ... 112
      4.2.3.3.3 Ônus, poderes, faculdades e deveres processuais ... 113
      4.2.3.3.4 Convalidação judicial ... 114
      4.2.3.3.5. Abusividade e vulnerabilidade ... 117
  4.2.4 O plano da eficácia ... 120
4.3. Nulidade e anulabilidade do negócio jurídico processual ... 120

5. LIMITAÇÕES AO NEGÓCIO JURÍDICO PROCESSUAL BRASILEIRO ... 125
5.1 Limites objetivos ... 125
  5.1.1 A linha vermelha do direito estrangeiro: normas cogentes ... 125
  5.1.2 Autorregramento (?) da vontade pautado pelo publicismo e modelo constitucional do processo ... 129
  5.1.3 Direito indisponível ... 133
  5.1.4 Condições de validade 139
5.2 Limites subjetivos (relatividade dos efeitos) ... 141

6. NEGÓCIOS JURÍDICOS PROCESSUAIS DO ARTIGO 190 EM ESPÉCIE ... 143

6.1 Cláusula non petendo (*stay period*) e limitação do objeto litigioso   144
6.2 Provas   149
6.3 Recursos   154
6.4 Prazos   156
6.5 Execução   157
6.6 Outras hipóteses   160

CONCLUSÕES   165

REFERÊNCIAS   171

Introdução

Com o advento da Lei 13.105/2015 – que trouxe para o ordenamento jurídico pátrio o Código de Processo Civil de 2015 (CPC/2015) –, diversas têm sido as discussões decorrentes, em especial, das novas figuras jurídicas que o aludido diploma teria passado a contemplar. Por essa razão, igualmente têm surgido em território nacional aqueles que em tudo veem novidade e a tudo clamam por inédito e por "mares nunca d'antes navegados".

No nosso sentir, contudo, é preciso tomar muita precaução, sobretudo em momentos como o presente para que não se olvide a construção legal, jurisprudencial e doutrinária bastante consolidada; e, mais ainda, para que não se estabeleça por novo aquilo que não é, bem como para que não se tome por novidade o que, se assim for, é apenas parcialmente inovador. Do contrário, há o risco de que se cometam impropriedades e confusões doutrinárias que se perpetuarão por muito tempo e tão somente servirão para atrapalhar o desenvolvimento da Justiça.

Por meio do presente trabalho – e sempre tendo em mente o que acima expusemos –, pretendemos discorrer sobre o que nos parece ser de fato um dos representantes reais das novidades trazidas pelo CPC/2015: o negócio jurídico processual previsto no artigo 190 do mencionado diploma, que assim dispõe

> Art. 190. Versando o processo sobre direitos que admitam autocomposição, é lícito às partes plenamente capazes estipular mudanças no procedimento para ajustá-lo às especificidades da causa e convencionar sobre os seus ônus, poderes, faculdades e deveres processuais, antes ou durante o processo.

Parágrafo único. De ofício ou a requerimento, o juiz controlará a validade das convenções previstas neste artigo, recusando-lhes aplicação somente nos casos de nulidade ou de inserção abusiva em contrato de adesão ou em que alguma parte se encontre em manifesta situação de vulnerabilidade.

O dispositivo legal em questão estabelece novidade por meio de regras escritas e gerais que se aplicarão, observadas as condições de sua existência, aos mais diversos tipos de situações processuais. Isso, no nosso sentir, traz grandes impactos para o processo civil, eis que se ampliam as hipóteses pelas quais as partes terão a faculdade de autorregular, em razão da autonomia da vontade, determinadas situações do procedimento processual que poderá envolvê-las. Poderão as partes assim proceder antes mesmo da existência da demanda, ou durante esta, tudo com base na regra geral do artigo 190.

E, neste momento, o leitor mais atento pode – e deve – estar tecendo, a nosso respeito, as mesmas considerações que suscitamos ao abrir o presente trabalho. Isso porque – mesmo antes do CPC/2015, ou seja, sob a batuta da Lei 5.869/1973 (CPC/1973) – a possibilidade da celebração de negócios jurídicos com impactos eminentemente processuais já existia no ordenamento, mormente se levarmos em conta a possibilidade de contratação de cláusula arbitral; cláusula de eleição de foro; avaliação prévia, para fins de excussão do imóvel, em escritura de constituição de hipoteca; distribuição diversa, quando cabível, do ônus probatório etc., todos esses negócios jurídicos processuais que, mesmo antes do CPC/2015, já existiam no mundo do direito.

Ademais, em sede de acordo judicial, por exemplo, as partes já poderiam renunciar a determinados atos de caráter processual/procedimental, *i.e.*, à interposição de determinados recursos e mesmo a defesas eventualmente já apresentadas, entre outros ajustes negociais processuais que as partes poderiam celebrar sob o CPC/1973.

Qual o sentido, então, de se dizer que o negócio jurídico processual do artigo 190 do CPC/2015 é uma novidade que demanda um olhar mais atento do jurista e dos operadores? Mais ainda, por qual motivo tratar de algo que supostamente não seria novo, em sede de tese de doutoramento?

Cremos, a esse respeito, que o CPC/2015, se não trouxe para o sistema uma figura totalmente inovadora, tratou de sistematizá-la e de estabelecer uma cláusula geral para sua contratação e constituição, e o fez de maneira inédita. Antes do CPC/2015, havia hipóteses isoladas e tipificadas de negócios jurídicos processuais, e não havia, na doutrina pátria, uma construção consolidada do que hoje começamos a entender como negócio jurídico processual.

Doravante e sob a vigência do artigo 190 do CPC/2015, passou a existir uma fórmula comum, uma cláusula geral de negócio jurídico processual que impacta não apenas aqueles que antes já eram admitidos e seguiram sendo albergados pelo novo código, como também foram criadas outras possibilidades de negócios jurídicos de índole processual, com distintas e variadas hipóteses de cabimento; e é justamente aqui que queremos nos debruçar no presente trabalho.

No nosso sentir, o sistema processual pátrio, com o CPC/2015, se não criou, ao menos expressamente previu e alargou os lindes de uma categoria própria de negócios jurídicos, os processuais, e passou a admitir variadas novas hipóteses de incidência dessa modalidade de negócio jurídico, razão pela qual se faz necessário identificar seus limites de atuação.

E cremos que, para trilhar esse caminho, é imperioso que tenhamos de nos dedicar, antes de mais nada, à própria inserção do artigo 190 e à figura que ele trouxe para o mundo jurídico dentro do sistema processual pátrio. É nesse ponto que reside parte da tese que pretendemos demonstrar com o presente trabalho: se a regra encampada pelo artigo 190 do CPC/2015 for constitucional (e, desde logo, informamos que nosso entendimento é pela constitucionalidade, conforme demonstraremos nesse trabalho), sua aplicação deverá ser limitada a determinados cânones do Direito, sob pena de violação de diversas garantias e princípios fundamentais.

Se é possível, com base nessa novidade legislativa, uma mais ampla contratação de cláusulas, melhor dizendo, de negócios jurídicos que impactarão o processo (o procedimento, que é uma das facetas do processo), é igualmente importante ter-se em vista que há limites para essa contratação, os quais não estão exclusivamente explicitados na letra do artigo 190 do CPC/2015.

Entendemos e demonstraremos que a aplicação de cláusulas que envolvam negócios jurídicos processuais deverão submeter-se a determinados freios e contrapesos que o legislador de 2015 não explicitou propriamente na regra do artigo 190, mas que o sistema processual tal como o enxergamos não nos deixa passar ao largo.

Com vistas a provar nossa tese iremos inicialmente tratar da natureza jurídica do processo e de suas principais acepções, a fim de identificar se o processo – nos dias atuais e conforme a concepção que se pretender a ele atribuir – é passível de admitir o negócio jurídico processual e, mais importante, o negócio jurídico processual tal como desenhado pelo ordenamento pátrio no artigo 190, para, demonstrando sua admissão, partir para a análise e proposição de limitação à sua utilização.

Ademais, como o negócio jurídico processual diz respeito a procedimento, e não propriamente ao processo, trataremos de delinear as principais características do procedimento para identificar a adequação do artigo 190 do CPC/2015 à espécie.

Em seguida, trataremos no negócio jurídico processual propriamente dito, traçando uma breve, porém necessária, pesquisa sobre sua ocorrência no direito estrangeiro. Falaremos, ainda, de negócio jurídico em geral e verificaremos suas peculiaridades do negócio no âmbito processual, analisando sua incidência em período anterior e posterior ao do CPC/2015, delineando, então, suas principais características que distinguem a figura do negócio jurídico processual nos dois períodos por nós pesquisados para, ao final, demonstrando nossa tese, estabelecer a compatibilidade entre o processo (e sua faceta mais apreensível, que é o procedimento), o sistema processual pátrio e o negócio jurídico processual do artigo 190 do CPC/2015.

Trataremos também de esboçar quais são os elementos e as condições de validade do negócio jurídico referido e já perceberemos naturalmente determinados limites que o próprio sistema lhe impõe, demonstrando a compatibilidade entre essa figura e o sistema processual nacional.

Uma vez demonstrada a compatibilidade acima mencionada, ingressaremos nas hipóteses de cabimento dos negócios jurídicos processuais, tais como definidos pelo CPC/2015, bem como analisaremos suas limitações e mesmo impossibilidade de contratação (execução) em determinadas situações.

Concluiremos que, efetivamente, com as novidades trazidas pelo CPC/2015 referentes ao negócio jurídico processual, as portas para sua mais ampla utilização se abriram em território pátrio, desde que os limites impostos pela própria legislação e pelo sistema processual brasileiro sejam respeitados e estejam calcados em toda a construção histórica que não pode ser abandonada em razão do advento de um novo código.

1. Processo e procedimento: natureza jurídica e principais concepções

1.1 Processo: considerações conceituais

No caminho que optamos trilhar para tratar do tema do presente estudo, é deveras importante a análise da natureza jurídica do processo, verdadeiro "conjunto de atos coordenados logicamente para a atuação da jurisdição (...) isto é, o meio para fazê-la atuar"[1]. E assim entendemos tendo em vista que o negócio jurídico processual, tal como delineado pelo CPC/2015, somente será de fato recepcionado pelo ordenamento pátrio caso se coadune com a natureza jurídica que for atribuída ao processo e ao procedimento (que mais adiante será por nós igualmente analisada).

A esse respeito, fazemos menção aos ensinamentos de João Batista Lopes, para quem

> Etimologicamente, processo vem de *processus*, termo latino que significa ação de avançar, movimento para frente, marcha, progresso. Os atos praticados pelas partes devem conduzir ao fim colimado, isto é, à atuação da jurisdição, sem retrocessos ou retardamento. Daí porque constituir a morosidade ou lentidão processual como um mal contra o qual devem lutar os operadores do Direito.
>
> Conquanto muitas vezes utilizados como sinônimos, ação e processo não se confundem: ação é a garantia constitucional de constituir e desenvolver o

---

[1] LOPES, João Batista. *Curso de direito processual civil*, vol. I. 1. ed. São Paulo: Atlas, 2008. p. 100.

processo de forma regular e válida para obter a tutela jurisdicional. O exercício da ação dá-se, portanto, com o processo, isto é, a ação faz deflagrar o processo[2].

Jaime Guasp, por seu turno, nos recorda que o conceito de processo *es el punto de arranque de toda la construcción ulterior de la disciplina, lo que basta para encarecer la especial importancia de su exacta delimitación*[3] e, por essa razão, não se faz possível adentrar nos meandros do negócio jurídico do artigo 190 do CPC/2015 sem antes uma análise, mesmo que breve, da natureza jurídica do "ponto de partida" de todo o presente trabalho.

Segue o doutrinador espanhol recordando que as posturas conceituais básicas que dizem respeito à noção de processo dividem-se em dois principais grupos: um com enfoque eminentemente material, e outro formal, instrumental. Aquele poderia ser reduzido à noção do processo como *la resolución de un conflicto social*, enquanto este igualmente pode ser reduzido a uma rubrica comum, qual seja, a de que o processo é *la actuación del derecho*, ou seja, o processo é instrumento destinado à realização, proteção ou tutela[4].

E conclui que

> La superación de las dos posiciones anteriores sólo puede lograrse estableciendo una base sociológica y una base normativa del concepto del proceso. (...) El proceso no es pues, en definitiva, más que *un instrumento de satisfacción de pretensiones*[5].

Para Salvatore Satta, processo é o meio no qual *se concreta la voluntad de la ley* (processus judicii), *es el modo necesario por el cual esa concretación se produce*[6].

---

[2] Idem. Ibidem.
[3] GUASP, Jaime; ARAGONESES, Pedro. *Derecho procesal civil*, tomo I. 7. ed. Madrid: Thomson Civitas, 2006. p. 33: "é o ponto de partida de toda construção posterior da disciplina, o que é suficiente para ressaltar a especial importância de sua exata delimitação" (tradução nossa).
[4] Idem. p. 31-33: "... a resolução de um conflito social ... a atuação do direito ..." (tradução nossa).
[5] Idem. p. 35: "A superação das posições anteriores só pode ser realizada estabelecendo-se uma base sociológica e uma base normativa do conceito de processo. (...) O processo, então, não é senão um instrumento de satisfação de pretensões" (tradução nossa).
[6] SATTA, Salvatore. *Manual de derecho procesal civil*, vol. I. Buenos Aires: EJEA, 1972. p.197: "...se concretiza a vontade da lei (*processus judicii*), é o meio necessário pelo qual essa concretização se realiza".

Moacyr Amaral Santos tem que processo "é o meio de que se vale o Estado para exercer sua função jurisdicional, isto é, para resolução das lides e, em consequência, das pretensões"[7].

Seja como for – considerando-se, afinal, que processo é um conjunto de atos coordenados para atuação da jurisdição, tendente à solução de um conflito social e à satisfação de pretensões, fazendo valer o meio pelo qual se aplica em concreto a vontade da lei, o que deve ocorrer "sem retrocessos ou retardamento"[8] desnecessários – passemos a analisar a natureza jurídica do processo.

A esse respeito, novamente nos remetemos às lições de João Batista Lopes, para quem são 4 (quatro) os principais lineamentos da natureza jurídica do processo: (i) natureza contratual; (ii) situação jurídica; (iii) processo como instituição e (iv) relação jurídica[9].

Ainda a respeito desse tema e antes de adentrarmos efetivamente nas diferentes concepções da natureza jurídica do processo que optamos por aqui analisar, relembramos também as lições de Olavo de Oliveira Neto e de Patrícia Elias Cozzolino de Oliveira, no sentido de que "a concepção acerca da natureza jurídica do processo é volátil, variando conforme o momento histórico que se vive e os valores de determinada sociedade em certo momento (...)"[10].

Em outras palavras, estamos diante do que já apontamos mais acima dos ensinamentos de Jaime Guasp: para entender a natureza jurídica do processo é imperioso que se faça uma análise de *base sociológica y una base normativa del concepto del processo*[11].

Portanto, não é estática a realidade na qual o processo se insere. Desse modo, não se pode perder de vista que a criatura é sempre modificada não apenas pelo criador, mas também por seu *habitat* e que a noção de processo deve sempre estar alinhada com a realidade dos tempos em que realizado o estudo.

---

[7] SANTOS, Moacyr Amaral. *Primeiras linhas de direito processual civil*, vol. I. 29. ed. São Paulo: Saraiva, 2012. p. 306.

[8] LOPES, João Batista. *Curso de direito processual civil*, vol. I. 1. ed. São Paulo: Atlas, 2008. p. 100.

[9] Idem. p. 101.

[10] OLIVEIRA NETO, Olavo de; OLIVEIRA, Patrícia Elias Cozzolino de. "O processo como instituição constitucional". In: MOREIRA, Alberto Camiña; ALVAREZ, Anselmo Prieto; BRUSCHI, Gilberto Gomes (Coord.). *Panorama atual das tutelas individuais e coletivas. Estudos em homenagem do Professor Sérgio Shimura*. 1. ed. São Paulo: Saraiva, 2011. p. 627-641.

[11] GUASP, Jaime; ARAGONESES, Pedro. *Derecho procesal civil*, tomo I. 7. ed. Madrid: Thomson Civitas, 2006. p. 35.

Tendo-se tudo isto em mente, cremos que o processo é conjunto de atos coordenados logicamente para a atuação da jurisdição. É, de fato, o meio para fazê-la atuar e, em razão de seu caráter público, atua independentemente da submissão das partes (até aqui novidade alguma há no conceito).

Mais: em razão da possibilidade de as partes influírem na marcha do procedimento por conta do que dispõe o artigo 190 do CPC/2015, sempre que houver válido e regular negócio jurídico processual, passará o processo a claramente ter um viés privado, por menor que seja. Isso porque a permissão – trazida ao sistema pelo artigo 190 do CPC/2015 – entregou às partes e aos particulares a faculdade-direito de influírem diretamente no aspecto externo e mais concreto do concreto, tudo isso decorrente do autorregramento dos conflitos ou, melhor dizendo, da maior valoração da autonomia da vontade, que parece ser um dos pilares do CPC/2015.

Contudo, não se pode dizer que o referido viés privatista – consequência da possibilidade da contratação de negócios jurídicos processuais e do autorregramento (autonomia da vontade) – implica que o processo civil brasileiro teria retornado à natureza contratual. Essa acepção significaria verdadeiro retrocesso doutrinário e mesmo científico: processo não é contrato, apesar de haver a possibilidade de contratação de regras procedimentais (o que sempre existiu, em maior ou menor grau, mesmo antes do CPC/2015) nos termos do que disciplina o artigo 190 do CPC/2015.

1.2 Natureza jurídica

1.2.1 Contrato

Em seu processo evolutivo, na sociedade romana, os conflitos entre os particulares eram solucionados, em regra, pela força, decorrência da Lei de Talião presente nas XII Tábuas[12].

---

[12] Acerca da Lei das XII Tábuas, o romanista Vicente Arangio-Ruiz assevera que "En los comienzos de la Republica –y concretamente en los años 451 y 450 a. de C. – apareció una obra legislativa, única en toda la evolución del derecho romano hasta Justiniano, que, bajo la apariencia de unos cuantos principios epigráficos, regulaba múltiples relaciones pertenecientes a los más diversos campos del derecho: la ley de las XII tablas. [...] Era natural que, en semejante ambiente jurídico, la muerte se castigase con la muerte y que, en principio, la venganza fuese concedida a los parientes de la víctima" (Arangio-Ruiz, Vicente. *Historia del derecho romano*. Trad. de la 2. ed. italiana. Madrid: Reus, 1943. p. 67-68; 91): "No início da República – e concretamente nos anos 451 e 450 A.C – surgiu uma obra legislativa, única

Posteriormente, mas ainda dentro de um sistema de justiça privada, desenvolveram-se, no direito romano, determinadas modalidades de arbitramento entre os litigantes, por meio das quais a vítima, em vez de fazer justiça com as próprias mãos optava – ou era compelida a optar – por uma compensação que substituiria a *vendeta*.

Por fim, no desenvolvimento do processo civil romano, "o Estado afasta o emprego da justiça privada, e, por funcionários seus, resolve os conflitos de interesses surgidos entre os indivíduos, executando à força, se necessário, a sentença"[13].

Foram três os grandes períodos que definem o processo civil romano: (i) *legis actiones*; (ii) *per formulas* e (iii) *cognitio extraordinaria* (cognição extraordinária)[14], quando é possível identificar, com maior ou menor presença, um viés contratual do processo.

Seja como for,

> Nos três períodos, ao que parece, os romanos entendiam que a submissão das partes ao processo se dava por força de um contrato, na medida em que

---

em toda a evolução do direito romano desde Justiniano, que, sob a forma de alguns princípios introdutórios, regulava as múltiplas relações pertencentes aos mais diversos campos do direito: a lei das XII Tábuas. [...]. Seria natural que, em semelhante ambiente jurídico, a morte fosse punida com a morte e que, em princípio, a vingança fosse concedida aos parentes da vítima". (tradução nossa). Ensina John Gilissen, por seu turno, que "Entre as leis da época republicana a que é conhecida com o nome de 'Lei das XII Tábuas' merece uma atenção particular. Foi um dos fundamentos do *ius civile*; embora ultrapassada por outras fontes de direito, foi considerada em vigor até a época de Justiniano. Segundo a tradição lendária, teria sido redigida a pedido dos plebeus que, ignorando os costumes em vigor nas cidades e as suas interpretações pelos pontífices, se queixavam do arbítrio dos magistrados patrícios. A redação teria sido confiada a dez comissários, os *decemviri*, em 451-449 a.C.; o texto original, gravado em doze tábuas, teria sido afixado no fórum, mas destruído quando do saque de Roma pelos Gauleses em 390" (GILISSEN, John. *Introdução histórica ao direito*. 4. ed. Lisboa: Calouste-Gulbenkian, 2003. p. 80).

[13] MOREIRA ALVES, José Carlos. *Direito romano*, vol. I. 11. ed. Rio de Janeiro: Forense, 1998. p. 183.

[14] "La organización del procedimiento ha variado en Derecho Romano según las épocas, y tres sistemas estuvieron sucesivamente en vigor: las acciones de la ley, el procedimiento formulario u ordinario y el procedimiento extraordinario." (PETIT, Eugène. *Tratado elemental de derecho romano*. Traducido de la novena edición francesa por D. José Ferrández González. Madrid: Saturnino Calleja, [19–]. p. 611): "A organização do procedimento variou no Direito Romano de acordo com as épocas, e três sistemas estiveram sucessivamente em vigor: as ações da lei, o procedimento formulário, o ordinário e o procedimento extraordinário"(tradução nossa).

o interessado praticava os atos necessários à instauração do procedimento e o sujeito passivo, ao apresentar resistência (*litiscontestatio*), concordava com sua própria submissão ao que fosse decidido. (...). Essa idéia do processo como um contrato, como indicam Ada Pellegrini Grinover *et al.*, foi englobada pela doutrina francesa dos séculos XVIII e XIX, pois era a que mais se aproximava dos ideais da sociedade como contrato social, que gozavam de repercussão e prestígio na época[15].

João Batista Lopes, a esse respeito: "em verdade, não existe no processo o elemento essencial do contrato, isto é, o acordo de contatos, já que as partes procuram, à evidência, apenas sustentar suas respectivas posições para que o resultado lhes seja favorável"[16].

Contudo, ante à nova realidade em razão do artigo 190 do CPC/2015 e do "princípio" do autorregramento (melhor esclarecendo, da autonomia da vontade), o procedimento, a faceta que exterioriza concretamente o processo, passou a ter aptidão de submeter-se a aspectos contratuais em razão de as partes poderem entabular, privativamente, regras de cunho processual (procedimental).

Entretanto, o fato de as partes poderem contratar certos aspectos do procedimento não é suficiente, no nosso sentir, para conferir natureza contratual ao processo, nem mesmo para retrocedermos à postura já há muito superada acerca da natureza contratual do processo.

Não cremos que o artigo 190 do CPC/2015 tenha o condão de cravar a natureza do processo como contratual. Nesse ponto, ressaltamos que o contrato entre as partes que refletirá no processo diz respeito exclusivamente a limitadas facetas do procedimento, o que não serve para emprestar natureza contratual ao processo, que segue – mesmo com o advento do novo Código – sendo uma das espécies do gênero de direito público.

Por óbvio que o processo civil trata, no mais das vezes, de interesses privados usualmente oriundos de contrato. Por esse motivo, a vontade privada e a contratação prévia entre as partes – em geral e mesmo antes do artigo 190 do CPC/2015 – já detinham o potencial, em maior ou menor grau, de gerar reflexos no processo e no procedimento.

---

[15] OLIVEIRA NETO, Olavo de; OLIVEIRA, Patrícia Elias Cozzolino de. "O processo como instituição constitucional". In: MOREIRA, Alberto Camiña; ALVAREZ, Anselmo Prieto; BRUSCHI, Gilberto Gomes (Coord.). *Panorama atual das tutelas individuais e coletivas. Estudos em homenagem do Professor Sérgio Shimura*. 1. ed. São Paulo: Saraiva, 2011. p. 628.

[16] LOPES, João Batista. *Curso de direito processual civil*, vol. I. 1. ed. São Paulo: Atlas, 2008. p. 101.

Em vista dessa potencialidade, o ponto de toque para identificar a natureza do processo não pode ser a existência de liames privados e contratuais, pois estes sempre existiram e, mesmo assim, não prestaram (e ainda não prestam) para fixar sua natureza, já que as partes se submetem ao processo não necessariamente por vontade própria e, no mais das vezes, são compelidas a se submeter ao império estatal para a solução dos conflitos.

1.2.2 Relação jurídica

A noção do processo como relação jurídica é do engenho de Oskar von Bülow, para quem o processo deve ser entendido como uma "relação de direito público, que se desenvolve de modo progressivo entre o tribunal e as partes (...)"[17]. Para o jurista, "o processo é uma relação que avança gradualmente e que se desenvolve passo a passo. Enquanto as relações jurídicas provadas que constituem a matéria do debate judicial apresentam-se como totalmente concluídas, a relação jurídica processual se encontra em embrião (...)"[18].

A esse respeito, João Batista Lopes nos informa que é majoritária na doutrina a percepção do processo como relação jurídica decorrente do vínculo constituído entre as partes e o juiz (relação jurídica triangular) e que foi também na obra de Piero Calamandrei que se demonstrou a existência dessa relação, admoestando que

> (...) se analisarmos qualquer processo judicial, do mais simples ao mais complexo, poderemos observar claramente as relações que se estabelecem entre as partes e o juiz: (a) o autor dirige sua petição ao juiz; (b) o juiz, verificando que a peça apresentada está em termos, chama o réu a juízo (citação); (c) o réu endereça sua defesa ao juiz que, conforme o caso, manda o autor manifestar-se; (d) o autor pode pedir o depoimento pessoal do réu e formular-lhe perguntas.[19] sendo a recíproca verdadeira, etc[20].

---

[17] BÜLOW, Oskar von. *Teoria das exceções e dos pressupostos processuais*. Campinas: LZN, 2003. p. 6-7.
[18] Idem. Ibidem.
[19] Idem. Ibidem. p. 640.
[20] LOPES, João Batista. *Curso de direito processual civil*, vol. I. 1. ed. São Paulo: Atlas, 2008. p. 102.

Para Aroldo Plínio Gonçalves

> A figura da relação jurídica que já se constituíra como um dogma na doutrina civilista, para explicar direitos e deveres, faculdades e obrigações, e alcançara outros ramos do Direito, alastrou-se também pelo Direito Processual Civil que a adotou sem grandes polêmicas. (...). Essa ideia instituída no século XIX brotava realmente do espírito da época, como se verá, e encontrou sua formulação nas teses de Windscheid, no momento que se conciliou uma determinação de Direitos subjetivo, que se firmava também segundo o espírito da época, como a de processo[21].

Parece-nos que a noção do processo como relação jurídica era de fato a que mais se adequava à sua natureza jurídica, ainda que respeitado o posicionamento contrário. Contudo, cremos que não apenas essa noção de relação jurídica informa a natureza jurídica do processo.

Desse modo, no nosso sentir, não basta reconhecer-se no processo a existência da relação jurídica triangular entre juiz, autor e réu, mesmo porque a questão que surge dessa noção do processo é justamente a da inexistência da relação jurídica em determinadas situações postas em juízo.

Portanto, há casos em concreto nos quais não se faz possível identificar a existência da relação jurídica em tela, em que pese existir um processo para a respectiva tutela do direito posto em juízo.

A esse respeito, cabem novamente as lições de Aroldo Plínio Gonçalves, para quem

> A teoria da relação jurídica em breve se revelou insuficiente para responder às situações jurídicas que, à evidência, não correspondiam a vínculos entre sujeitos. O problema do direito de propriedade recebeu novas formulações, mas o pátrio poder, a nacionalidade, o direito à honra e, genericamente, o que mais tarde se denominaria direitos personalíssimos ficavam sem respostas adequadas pelo *vinculum iuris*[22].

Contudo, Paulo Roberto de Gouveia Medina nos rememora que as críticas à noção do processo como relação jurídica por vezes não levam em conta que

---

[21] GONÇALVES, Aroldo Plínio. *Técnica processual e teoria do processo*. 2. ed. Belo Horizonte: Del Rey, 2012. p. 59-60.
[22] Idem. Ibidem. p. 66.

Na verdade, o processo não é uma relação jurídica; contém, sim, uma relação jurídica complexa ou de dupla configuração, como afirmava Machado Guimarães. Essa relação jurídica tem contornos peculiares, no âmbito do processo – o que não a desnatura. (...). Os que negam a existência de relação jurídica no processo, em geral, não levam em conta essas peculiaridades. Foi por isso, talvez, que James Goldschmidt afirmou, com tanta ênfase, que, não havendo, no processo, direitos, faculdades ou obrigações, mas tão só, expectativas, possibilidade de ônus, não haveria como identificar nele uma relação jurídica, no rigor do termo[23].

Percebeu-se, então, na aplicação da ideia de processo como relação jurídica, uma por vezes instransponível dificuldade de se encaixar naquela noção situações que demandam "proteção em razão de seu fim social e que devem ser garantidas pelo Direito, mesmo sem a existência de qualquer relação entre as pessoas"[24].

A relação jurídica que une os atores do processo poderá ou não existir em determinadas situações, e por tal motivo entendemos que algo mais deverá fazer-se presente para efetivamente caracterizar a natureza jurídica do processo – por mais que se identifique que a relação ao menos entre as partes e o juiz sempre se fará presente seja lá qual for a natureza jurídica do direito posto em juízo. Não basta, conforme cremos, a identificação dessa relação para que se satisfaça a concepção de sua natureza jurídica.

Em outras palavras, no nosso entender, a noção de processo não deve ser extraída de elementos subjetivos – mas, sim, objetivos –, já que, independentemente da condição pessoal das partes e demais atores, objetivamente a natureza do processo deve ser a mesma, razão pela qual não nos parece que relação jurídica seja a pedra de toque na concepção da natureza jurídica do processo.

1.2.3 Situação jurídica

Reconhece-se em James Goldschmidt a identificação do processo como situação jurídica, posicionamento que, se não abraçado pela doutrina, trouxe a lume elementos inovadores que auxiliaram grandemente na compreensão do processo.

---

[23] Medina, Paulo Roberto de Gouveia. *Teoria geral do processo*. 1. ed. Belo Horizonte: Del Rey, 2012. p. 174.
[24] Idem. Ibidem. p. 67.

Em suma, de acordo com o que defende Goldschmidt

> El proceso civil o procedimiento para la sustanciación de los negocios contenciosos civiles, es el método que siguen los Tribunales para definir la existencia del derecho de la persona que demanda, frente al Estado, a ser tutelada jurídicamente, y para otorgar esta tutela en el caso de que tal derecho exista[25].

E arremata, concluindo que

> El objeto del proceso civil es, pues, únicamente una pretensión de tutela jurídica, por parte del actor. No puede admitirse que al demandado corresponda una pretensión de tutela jurídica independiente. Si ésta existiera, nunca podría ser denegada una acción declarativa positiva por falta de interés en la declaración, ya que naturalmente el demandado tiene siempre interés en conseguir la declaración en sentido negativo[26].

Para Goldschimdt, então, "quando o direito assume uma condição dinâmica (o que se dá através do processo), opera-se nele uma mutação estrutural: aquilo que, numa visão estática, era um direito subjetivo, agora se degrada em *meras possibilidades* (de praticar atos para que o direito seja reconhecido), *expectativas* (de obter esse reconhecimento), *perspectivas* (de uma sentença favorável) e ônus (encargo de praticar certos atos, cedendo a imperativos ou impulsos do próprio interesse, para evitar a sentença desfavorável)[27].

Conforme nos ensinam Aury Lopes Júnior e Pablo Rodrigo Alflen da Silva

---

[25] "O processo civil ou procedimento para a substanciação dos negócios contenciosos cíveis é o método pelo qual seguem os Tribunais para definir a existência do direito da pessoa que requer, frente ao Estado, ser juridicamente tutelada, e para outorgar essa tutela caso tal direito exista" (tradução nossa). (GOLDSCHMIDT, James. *Derecho procesal civil*. 2. ed. Barcelona: Labor, 1936. p. 1).

[26] Idem. Ibidem. p. 3: "O objeto do processo civil é, pois, unicamente uma pretensão de tutela jurídica por parte do ator. Não se pode admitir que o demandado responda a uma pretensão de tutela jurídica independente. Se esta existiu, jamais poderia ser indeferida uma ação declarativa positiva por falta de interesse na declaração, já que naturalmente o demandado sempre tem interesse em obter a declaração em sentido negativo" (tradução nossa).

[27] CINTRA, Antonio Carlos de Araujo; GRINOVER, Ada Pelegrini; DINAMARCO, Cândido Rangel. *Teoria geral do processo*. 29. ed. São Paulo: Malheiros, 2013. p. 313.

A noção do processo como relação jurídica, estruturada na obra de Bülow, foi fundante de equivocadas noções de segurança e igualdade que brotaram na chamada relações de direitos e deveres estabelecidos entre as partes e o juiz. O erro foi o de crer que no processo penal [e leia-se aqui, pensamos nós, "em toda e qualquer situação", tal como já tivemos oportunidade de identificar das lições de Aroldo Plínio Gonçalves mais acima colacionadas] houvesse uma efetiva relação jurídica, como um autêntico processo de partes. Com certeza, foi muito sedutora a tese de que no processo haveria um sujeito que exercitava nele direitos subjetivos e, principalmente, que poderia exigir do juiz que efetivamente prestasse a tutela jurisdicional solicitada sob a forma de resistência (defesa). Apaixonante, ainda, a ideia de que existiria uma relação jurídica, obrigatória, do juiz com relação às partes, que teriam o direito de lograr através do ato final um verdadeiro clima de legalidade e *restabelecimento* da "paz social". Foi James Goldschmidt e sua *teoria do processo como situação jurídica* (...) quem melhor evidenciou as falhas da construção de Bülow (...)[28].

Em outras palavras, o processo seria mera situação jurídica pois no âmbito do processo não haveria verdadeiros direitos e sim *"posibilidades de que el derecho sea reconocido, expectativas de obtenerlo, y cargas (...). En lugar de relaciones jurídicas (con derechos y deberes), el proceso crea nuevos nexos jurídicos"*[29].

Contudo, não cremos que processo seja mera situação jurídica. Cremos que, no processo, haja, sim, verdadeiros direitos que atuam em favor de todas as partes nele envolvidas. E explicamos.

Por óbvio que as partes, ao litigarem, deixam de ter certeza quanto à prevalência de seus direitos subjetivos defendidos em Juízo, já que das posições em conflito apenas uma prevalecerá (mesmo em havendo decisões salomônicas, ao menos uma parte do direito alegado por uma parte cederá àquele outro defendido pelo *ex adverso*).

Mas ao menos uma certeza ambas as partes têm, o que nos parece afastar a mera expectativa oriunda do entendimento de processo como situação

---

[28] LOPES JÚNIOR, Aury; SILVA, Pablo Rodrigo Alflen. "Breves apontamentos *in memorian* a James Goldschmidt e a incompreendida concepção de processo como "situação jurídica". *Revista de Processo*. São Paulo: RT, ano 34, n. 176, out/2009. p. 357.

[29] Cf. VÉSCOVI, Enrique. *Teoría general del proceso*. 2. ed. Santa Fé de Bogotá: Editoral Temis S.A., 1999. p. 93: "possibilidade de que o direito seja reconhecido, expectativas de obtê-lo e cargas (...). No lugar das relações jurídicas (com direitos e deveres), o processo cria novos nexos jurídicos" (tradução nossa).

jurídica. As partes não têm mera expectativa, elas têm real direito de participarem de um processo baseado em garantias e regras previamente estatuídas.

Têm direito, ainda, a um processo conduzido sobre normas rígidas, constitucionais e infraconstitucionais. Essa constatação nos afasta da concepção de processo como situação jurídica – a noção de processo é objetiva, e objetivamente nos parece bastante claro que as partes têm (ou deveriam ter) a segurança inarredável de que o processo não é incerto, é erguido sobre bases sólidas e, seja lá qual for o resultado da demanda, o resultado será sempre um processo calcado na segurança do devido processo legal e de suas ramificações.

1.2.4 Instituição

Para Jaime Guasp, que trouxe a noção do processo como instituição, o conjunto de atividades relacionadas entre si por um vínculo, por uma ideia em comum e objetiva com relação à qual estejam vinculados os sujeitos dos quais provêm essas atividades é o que caracteriza a existência de determinada instituição[30].

No entendimento do jurista, a concepção do processo como situação jurídica não basta, já que *"frente a esta escéptica y poco jurídica concepción del proceso es preciso afirmar que sí existen verdaderos deberes y derechos procesales. (...) la potestad pública frente a las partes, así como la sumisión de las partes en el proceso, que se verifica siempre a través del Juez, es, en consecuencia, una verdadera vinculación procesal"*[31].

A esse respeito e tratando das lições de Jaime Guasp, Enrique Véscovi esclarece, a respeito dessa "verdadeira vinculação processual" decorrente da *potestade pública* representada pelo Estado-Juiz, que

> La institución (familia, matrimonio, club, Estado, etc.) supone la idea de un estatuto previamente creado (preexistentes), en el que entra quien cumple un determinado acto-condición (casarse, afiliarse, etc.). En el proceso,

---

[30] GUASP, Jaime; ARAGONESES, Pedro. *Derecho procesal civil*, tomo I. 7. ed. Madrid: Thomson Civitas, 2006. 41.

[31] Idem. p. 40: "diante desta duvidosa e pouco jurídica concepção do processo é necessário afirmar que sim existem verdadeiros deveres e direitos processuais. (...) a autoridade pública diante das partes, assim como a submissão das partes no processo que sempre se verifica por meio do Juiz e, em consequência, uma verdadeira vinculação processual" (tradução nossa).

la idea común es la de satisfacción de una pretensión; todas las voluntades particulares que actúan en el proceso se adhieren a esa idea común.[32]

Conforme já expusemos em nossa crítica à concepção pura e simples do processo como relação jurídica, parece-nos – e nessa linha são também os ensinamentos de Jaime Guasp – que seria insuficiente entender o processo como mera relação jurídica. Isso porque são inúmeras as relações jurídicas que incidem no processo e igualmente inúmeras são as relações de direitos e deveres que se fazem nele presentes, havendo então a necessidade de que tal *"multiplicidad de relaciones jurídicas debe reducirse a una unidad superior, que no se obtiene con la mera fórmula de la relación jurídica compleja, si se quiere hallar con precisión la naturaleza del proceso. Tal unidad la proporciona satisfactoriamente la figura de la instituición"*[33].

Ademais, como já tivemos oportunidade de expor, cremos que a natureza jurídica do processo deva ser obtida por meio de elementos objetivos, e não subjetivos.

Em vista disso, acreditamos que a concepção jurídica do processo mais se amolda ao desenho de uma instituição tal como inicialmente idealizada por Jaime Guasp. Contudo, parece-nos que a concepção de Guasp deva ser qualificada pelo próprio modelo de processo no qual ela se insere.

Ademais, a noção de processo deve ser burilada levando-se em consideração o momento no qual se pretende obter a imagem da sua natureza jurídica, visto que, como já vimos, a concepção acerca da natureza jurídica do processo é volátil, variando conforme o momento histórico vivido e os valores de determinada sociedade em certo momento[34].

---

[32] Idem. p. 95: "A instituição (família, casamento, clube, Estado etc) pressupõe a ideia de um estatuto previamente criado (preexistente), no qual aqueles se inserem aqueles que cumprem um determinado ato-condição (casar-se, afiliar-se etc.). O processo, a ideia comum é a de satisfação de uma pretensão, todas as vontades particulares que atuam no processo se aderem a essa ideia comum" (tradução nossa).
[33] Idem. p. 41: "multiplicidade de relação jurídicas deve reduzir-se a uma unidade superior, que não se obtém com a mera fórmula de uma relação jurídica complexa se se quiser encontrar com precisão a natureza do processo. Tal unidade é proporcionada satisfatoriamente pela figura da instituição" (tradução nossa).
[34] OLIVEIRA NETO, Olavo de; OLIVEIRA, Patrícia Elias Cozzolino de. "O processo como instituição constitucional". In: MOREIRA, Alberto Camiña; ALVAREZ, Anselmo Prieto; BRUSCHI, Gilberto Gomes (Coord.). *Panorama atual das tutelas individuais e coletivas. Estudos em homenagem do Professor Sérgio Shimura*. 1. ed. São Paulo: Saraiva, 2011. p. 627.

E, mesmo sendo volátil a sua concepção, parece-nos mais seguro que a análise parta de elementos objetivos, e não subjetivos, eis que aqueles se modificam com mais vagar e não levam em consideração aspectos pessoais das partes e atores envolvidos na lide.

1.2.5 Instituição constitucional

É o processo uma mera instituição, decorrente da submissão das partes a um modelo pré-estabelecido, a um estatuto previamente criado e não necessariamente qualificado? Defendemos que não.

E assim entendemos, pois, já há algum tempo, tem-se que o processo se submete a um modelo constitucional, verdadeiro núcleo duro que não pode dele ser afastado, sendo sempre necessário, portanto, que se

> (...) aquele que se predispõe a estudar o direito processual não tivesse muitas escolhas (se é que as tem) sobre como iniciais o descobrimento do objeto em análise. Ele tem que começar pela Constituição Federal e verificar em que medida o direito processual civil como um todo e cada um de seus institutos, a "jurisdição", a "ação", o "processo" e a "defesa", para mencionar os considerados institutos "fundamentais", mostram-se capazes de realizar adequadamente o equilíbrio entre aquelas duas vertentes: a *obtenção dos resultados práticos* (...) e a *técnica* que existe (...).[35]

Segue Cassio Scarpinella Bueno, a esse respeito, arrematando que

> É por essa razão que Cândido Rangel Dinamarco, ao tratar da sua visão "instrumentalista do processo", destaca ser o processo um verdadeiro "microcosmos" do Estado Democrático, Social de Direito, querendo se referir, com esta expressão, à circunstância de as opções políticas feitas pela Constituição brasileira deverem estar espelhadas, verdadeiramente refletidas, no processo civil. Até porque o *processo*, em si mesmo considerado, é *método* indispensável à manifestação da vontade do Estado, de todo o Estado, e não só do Estado-juiz e, por isto, justamente por isto, que todo o direito processual civil ocupa-se, em última análise, do estudo desta forma de *exteriorização* da vontade estatal, em estreita observância aos limites e objetivos impostos pelo ordenamento jurídico, a começar pela Constituição Federal.[36]

---

[35] BUENO, Cassio Scarpinella. *Curso sistematizado de direito processual*, vol. 1. 3. ed. São Paulo: Saraiva. p. 91.
[36] Idem. Ibidem.

Defendendo que processo é instituição, melhor dizendo, instituição constitucional decorrente do modelo constitucional do processo, são as lições de Olavo de Oliveira Neto e Patrícia Elias Cozzolino de Oliveira

> Destarte, embora não seja conveniente definir o que é instituição jurídica, podemos afirmar que para sua existência três requisitos básicos devem ser preenchidos: a) ser um modelo moldado pela lei, que deve apresentar sua estrutura essencial; b) possuir caráter permanente; e c) apresentar-se como imprescindível para a obtenção de determinado desiderato. Presentes tais características, estaremos diante de uma instituição.[37]

Seguem os autores demonstrando que o processo, tal como hoje deve ser visto e analisado, se adéqua à noção de instituição, já que os três requisitos básicos delineados pelos autores em questão se fazem presentes na acepção da natureza jurídica do processo

> No primeiro aspecto se observa que a Constituição da República, como se viu, apresenta um rol de princípios que visam moldar a estrutura do processo. (...) existe um enorme emaranhado de normas constitucionais e infra constitucionais a regular a atividade praticada pelas partes no processo, sendo certo que tais regras moldam a estrutura essencial do processo. O mesmo se dá quanto ao segundo requisito. Embora existam as formas alternativas de solução de conflito, o processo é fenômeno permanente (...). Por fim, o processo também atende ao terceiro requisito, pois é um veículo imprescindível para a obtenção da tutela jurisdicional (...).[38]

Do mesmo modo ensina João Batista Lopes, para quem, se processo não é propriamente instituição constitucional, está de certo modo conectado a essa ideia

> De acordo com as tendências atuais do direito processual, o estudo do processo civil tem, como ponto de partida, a Constituição Federal e não o Código de Processo Civil. É a chamada constitucionalização do processo civil,

---

[37] OLIVEIRA NETO, Olavo de; OLIVEIRA, Patrícia Elias Cozzolino de. "O processo como instituição constitucional". In: MOREIRA, Alberto Camiña; ALVAREZ, Anselmo Prieto; BRUSCHI, Gilberto Gomes (Coord.). *Panorama atual das tutelas individuais e coletivas. Estudos em homenagem do Professor Sérgio Shimura*. 1. ed. São Paulo: Saraiva, 2011. p. 639.
[38] Idem. Ibidem. p. 640.

que não constitui nova disciplina jurídica, mas tão somente nova forma ou novo modo de estudar o direito processual.[39]

Por seu turno, José Frederico Marques reafirma que

> O processo, como instrumento compositivo de litígios destinado à formação de soluções imperativas por órgãos estatais, é evidentemente um fenômeno do universo jurídico, encontrando-se, portanto, subordinado aos mandamentos reguladores do Direito. Os atos que o integram e que se externam no procedimento estão sujeitos à disciplina normativa que o Estado impõe através das regras do direito objetivo.[40]

João Batista Lopes vai mais além e afirma que a concepção do processo como relação jurídica, até aquele momento a concepção de maior aceitação na doutrina, não se conforma à percepção inequívoca de que o processo deve ser visto sob a lupa de um modelo verdadeiramente constitucional do processo. E assim afirma o jurista a esse respeito

> A clássica concepção de processo como relação jurídica, que já fora impugnada por Goldschmidt, não se ajusta ao modelo constitucional de processo civil, pós-constituição de 1988.[41]

Na mesma esteira ensinam Olavo de Oliveira Neto *et al*, para quem

> Realmente, parece ter chegado o momento de pensar na natureza do processo em consonância com o modelo imposto pela Constituição Federal, em especial pelos princípios que regem o processo civil. Não há mais como falar no processo como uma simples relação jurídica, que estabelece direitos e deveres entre as partes, na medida em que há um modelo pré-estabelecido, moldado pelas normas constitucionais, do qual o processo não pode se afastar.[42]

---

[39] LOPES, João Batista. *Curso de direito processual civil*, vol. I. 1. ed. São Paulo: Atlas, 2008. p. 38.
[40] MARQUES, José Frederico. *Instituições de direito processual civil*, vol. I. 1. ed. atualizada. Campinas: Millenium, 2000. p. 13.
[41] LOPES, João Batista. *Ação declaratória*. 6. ed. São Paulo: RT, 2009. p. 26.
[42] OLIVEIRA NETO, Olavo de; MEDEIROS NETO, Elias Marques; OLIVEIRA, Patrícia Elias Cozzolino de. *Curso de direito processual civil*, vol. 1. 1. ed. São Paulo: Verbatim, 2015. p. 226.

E concluem que

> Cada vez mais se robustece o caráter público do processo. Aumentam os poderes instrutórios do juiz brasileiro, aproximando-o da figura do juiz gerenciador do processo do direito inglês (*case management powers*), tendo as partes como contrapartida a participação no gerenciamento do feito. Destarte, portanto, nosso processo cada vez mais prescinde da disponibilidade das partes, situação que em nosso crer o descaracteriza como uma típica relação jurídica, aproximando-o mais da ideia de instituição.[43]

Percebe-se, então, que – ao menos com base na variada doutrina que investigamos, da mais tradicional à contemporânea – existe sempre um ponto de toque comum à noção de processo, que deve informar a nossa busca da mais adequada posição acerca da sua natureza jurídica.

Percebemos que é figura comum a submissão do processo a um ente superior – por vezes denominado como Estado, Sistema, Constituição ou similar que o valha –, sendo no nosso sentir, que todas essas locuções redundam em uma só: Constituição Federal.

Entendemos, então, que a visão mais contemporânea do processo – mormente a do processo civil, que é o foco do nosso estudo – deva partir da leitura da Constituição Federal e de suas garantias e de seus direitos que impactam matéria processual, para somente a partir daí voltar-se os olhos para o processo.

Idêntico raciocínio, no qual também nos escoramos, é de Olavo de Oliveira Neto e Patrícia Elias Cozzolino de Oliveira, para quem

> (...) a Constituição da República, como se viu, apresenta um rol de princípios que visam moldar a estrutura do processo. Não atendidos tais preceitos, o ato processual praticado em desacordo com o padrão exigido deve ser reputado nulo ou não existente, devendo ser produzido outro que atenda à determinação prevista.[44]

---

[43] Idem. Ibidem.
[44] OLIVEIRA NETO, Olavo de; OLIVEIRA, Patrícia Elias Cozzolino de. "O processo como instituição constitucional". In: MOREIRA, Alberto Camiña; ALVAREZ, Anselmo Prieto; BRUSCHI, Gilberto Gomes (Coord.). *Panorama atual das tutelas individuais e coletivas. Estudos em homenagem do Professor Sérgio Shimura*. 1. ed. São Paulo: Saraiva, 2011. p. 640.

Portanto, a submissão do processo à Constituição Federal é de tal modo relevante que faz parte da própria natureza jurídica; e, assim, o processo é instituição constitucional, pois à Constituição Federal se submete e dela não pode se afastar.

As lições de Luiz Fux corroboram, de certo modo, o que estamos aqui a estabelecer, no sentido de que

> A constitucionalização do direito processual, mercê de caracterizar-se pela inserção de regras processuais no bojo da Carta Maior, também se consubstancia pelos princípios que enuncia como fontes hermenêuticas de toda a legislação infraconstitucional. Assim, *v.g.*, ao analisar-se uma situação concreta acerca da oitiva de uma parte no processo diante de um fato processual superveniente e não previsto em lei, como, *v.g.*, uma intervenção de outrem noticiando algo de interesse no desate da lide, imprescindível é a oitiva dos interessados, por força do *Princípio do Devido Processo Legal*, encartado como garantia processual de natureza pétrea. (...) Os *Princípios Constitucionais*, como de regra, deixam de ser fontes do direito e passam a ocupar o *centro do ordenamento jurídico*, informando as atividades de interpretação e concreção do direito e permitindo uma leitura moral de toda a legislação.[45]

Apesar de entender que processo é relação jurídica interacional, José Miguel Garcia Medina rememora que

> As normas dispostas na Constituição Federal constituem o ponto de partida do trabalho do processualista. A atuação das partes e a função jurisdicional devem ser estudadas a partir da compreensão de que o processo é um espaço em que devem se materializar os princípios inerentes a um Estado que se intitula "Democrático de Direito" (cf. art. 1º. da CF).[46]

Para Niceto Alcalá-Zamora y Castillo[47], foi com a Constituição Austríaca de 1920 que surgiu o denominado "processo constitucional", o qual, nas

---

[45] Fux, Luiz. "Processo e Constituição". In: FUX, Luiz (Coord.). *Processo constitucional*. 1. ed. Rio de Janeiro: GEN – Forense, 2013. p. 14.
[46] Medina, José Miguel Garcia. *Direito processual civil moderno*. 1. ed. São Paulo: Thomas Reuters – RT, 2015. p. 79.
[47] Castillo, Niceto Alcalá-Zamora y. *Estudios de teoría general e historia del proceso*, t. II. México: UNAM, 1974. p.119.

lições de Paulo Roberto de Gouveia Medina, tem por fim "sistematizar as normas e os princípios da Constituição concernentes ao processo"[48].

Ronaldo Brêtas de Carvalho Dias, por seu turno, arremata que

> (...) a jurisdição somente se concretiza por meio de processo instaurado e desenvolvido em forma obediente aos princípios e regras constitucionais, dentre os quais avultam o juízo natural, a ampla defesa, o contraditório e a fundamentação dos pronunciamentos judiciais baseada na reserva legal, com o objetivo de realizar imperativa e imparcialmente os preceitos das normas componentes do ordenamento jurídico.[49]

Parece-nos, então, que a noção de submissão do processo à Constituição Federal é de tal modo relevante que não pode ser sequer olvidada, sob pena de, na análise, deixar-se de lado o núcleo duro do próprio ordenamento jurídico processual.

Diante de tamanha a relevância das normas constitucionais para o processo, a análise da natureza jurídica deste não pode, cremos nós, deixar de considerar esse aspecto, verdadeiro elemento inexorável do processo que são as normas e princípios constitucionais a ele inerentes.

Desse modo, entendemos que a noção da constitucionalidade do processo e a presença de elementos constitucionais como verdadeiros elementos indissociáveis fazem que a noção da natureza jurídica do processo inarredavelmente tenha de se referir a um de seus elementos mais importantes e, desse modo, cremos que a melhor e mais atual noção de processo e de sua natureza jurídica é aquela que perpassa pelo processo entendido como instituição constitucional.

Portanto, temos para nós que a natureza jurídica do processo é de verdadeira instituição, sendo ele fruto do conjunto de atividades relacionadas entre si por um vínculo, por uma ideia em comum e objetiva com relação à qual estejam vinculados os sujeitos dos quais provêm essas atividades. Ainda, conforme defende Jaime Guasp, é instituição caracterizada fortemente por um elemento que compõe a própria noção de processo, que é a Constituição Federal, sendo o processo, portanto, verdadeira Instituição Constitucional.

---

[48] MEDINA, Paulo Roberto de Gouveia. *Direito constitucional processual*. 5. ed. Rio de Janeiro: GEN – Forense, 2012. p. 4.

[49] DIAS, Ronaldo Brêtas de Carvalho. *Processo constitucional e Estado democrático de direito*. 3. ed. Belo Horizonte: Del Rey, 2015. p. 38.

1.3 Procedimento

Processo e procedimento não se confundem. A distinção entre um e outro já havia ganhado contornos concretos, e não meramente doutrinários, desde 1988, em razão do disposto no artigo 24, XI, da Constituição Federal de 1988 (CF) quanto à competência concorrente entre União, Estados e Distrito Federal para legislar em matéria de procedimento,

Com o advento do artigo 190 do CPC/2015, reforça-se a importância da distinção entre processo e procedimento, tendo-se em vista, ainda a teor do texto do dispositivo legal em questão, que a possibilidade de as partes negociarem cláusulas contratuais com repercussão no processo limita-se a questões procedimentais propriamente ditas.

Processo, como já vimos, é o conjunto de atos praticados pelas partes que devem conduzir ao fim colimado, isto é, à atuação da jurisdição, sem retrocessos nem retardamentos, conforme vimos nas lições de João Batista Lopes que aqui já citamos.

Procedimento, por seu turno,

> (...) é o lado extrínseco, palpável, sensível e constatável objetivamente, pelo qual se desenvolve o "processo" ao longo do tempo. Procedimento é a forma específica de manifestação, de organização, de estruturação do próprio processo, dos diversos atos e fatos relevantes para o processo (e, por isto, atos e fatos processuais) ao longo do tempo. (...) A noção de procedimento, contudo (como a de processo), é teleológica: o que deve ser destacado é que esta correlação de atos processuais tem em mira uma finalidade bem definida e diversa, que é a de praticar um outro ato, seja ele a sentença, seja ele a criação de condições de realização prática do direito reconhecido na sentença (...).[50]

Humberto Theodoro Júnior define procedimento como "a forma com que o processo se desenvolve e assume feições diferentes"[51]. Segue o jurista esclarecendo que

> Enquanto processo é unidade, como relação processual em busca da prestação jurisdicional, o procedimento é a exteriorização dessa relação e, por

---

[50] BUENO, Cassio Scarpinella. *Curso sistematizado de direito processual*, vol. 1. 3. ed. São Paulo: Saraiva, 2014. p. 422.
[51] THEODORO JÚNIOR, Humberto. *Curso de direito processual civil*, vol. I. 47. ed. atual. Rio de Janeiro: Forense, 2007. p. 374.

isso, pode assumir diversas feições ou modos de ser. A essas várias formas exteriores de se movimentar o processo aplica-se a denominação de *procedimentos*. Procedimento é, destarte, sinônimo de *rito* processual, ou seja, "o modo e a forma por que se movem os atos no processo"[52].

Para Luiz Rodrigues Wambier *et al*, o procedimento, "embora esteja ligado ao processo, com esse não se identifica. O procedimento é mecanismo pelo qual se desenvolvem os processos diante do órgão da jurisdição"[53]. E concluem que

> Processo e procedimento, na verdade, segundo expressiva doutrina, compõem somando-se um ao outro, a relação jurídica processual, o primeiro como dado substancial e o segundo como aspecto formal, de ordem estrutural, pois é por meio dele – do procedimento – que o processo se desenvolve, com toda sua complexa sequência de atos (...).[54]

João Batista Lopes[55] rememora que "procedimento é a *forma* e a ordem pelas quais o processo se desenvolve, ou seja, é a exteriorização ou visibilidade do processo. (...) Em razão da maior ou menor complexidade da causa, a legislação processual (que compreende o CPC e as leis especiais) dispõe sobre as espécies de procedimento, a saber: (a) procedimentos comuns; (b) procedimentos especiais", ao passo que Humberto Theodoro Júnior chama atenção para o fato de que "sendo o processo método utilizado para solucionar os litígios, conhece o Direito Processual Civil três espécies de processos: o processo de *conhecimento* (Livro I do Código), o processo de *execução* (Livro II) e o processo *cautelar* (Livro III)"[56].

O que não se pode perder de vista, de qualquer modo, é que

> Ainda que não seja possível confundir o procedimento com o processo, como feito à época imanentista, o certo é que o processo não vive sem o procedimento. Tanto essa constatação é verdadeira que os próprios defen-

---

[52] Idem. Ibidem.
[53] WAMBIER, Luiz Rodrigues et al. *Curso avançado de processo civil*, vol. 1. 9. ed. São Paulo: RT, 2007 p. 156.
[54] Idem. Ibidem.
[55] THEODORO JÚNIOR, Humberto. *Curso de direito processual civil*, vol. I. 47. ed. atual. Rio de Janeiro: Forense, 2007. p. 133
[56] THEODORO JÚNIOR, Humberto. *Curso de direito processual civil*, vol. I. 47. ed. atual. Rio de Janeiro: Forense, 2007. p. 374.

sores modernos da teoria da relação jurídica explicam que a relação jurídica não é sinônimo de processo, sendo sempre necessária a presença de um procedimento, ainda que impulsionado pelos participantes da relação jurídica processual no exercício contínuo de suas posições jurídicas ativas e passivas.[57]

Guardadas as distinções entre o CPC/1973 e o CPC/2015, os ensinamentos acima se mantêm atuais; e, no que tange ao negócio jurídico processual, é sobre o procedimento que estamos a tratar e verter nossa atenção, já que o artigo 190 do novo código autoriza as partes a negociarem modificações no procedimento, e não no processo.

O que pretendemos, então, com este nosso trabalho é demonstrar que a nova figura albergada pelo artigo 190 do CPC/2015 se amolda à noção do processo como Instituição Constitucional, de modo que a marcha pela qual se desenvolve o processo poderá ser modificada pelas partes, quando forem observadas as regras para tanto. Uma vez comprovada essa parte de nossa tese, partiremos para a seguinte, na qual trataremos de verificar quais os limites que devem ser impostos na contratação e ao objeto do negócio jurídico processual.

É certo que

> É o próprio Código de Processo Civil quem destaca a existência de diversos procedimentos (assim entendidas as variadas formas de organização dos atos e fatos processuais ao longo do tempo, porque processo, como método de manifestação do Estado, desenvolve-se, necessariamente, no tempo) para tratar de determinadas situações diferentemente das outras, levando em conta a diversidade das situações conflituosas de direito material, as pessoas e a expressão econômica do conflito, por exemplo[58].

Contudo, com o advento do artigo 190 do CPC/2015, não será apenas no Código que se encontrarão os mais diversos detalhamentos e distinções entre os procedimentos, já que às partes foi entregue, ao menos parcialmente, a possibilidade de negociarem e contratarem distinções nos procedimentos para que estes se conformem às mais distintas situações.

---

[57] NEVES, Daniel Amorim Assumpção. *Manual de direito processual civil*. 3. ed. São Paulo: Gen--Método, 2011. p. 51.
[58] BUENO, Cassio Scarpinella. *Curso sistematizado de direito processual*, vol. 1. 3. ed. São Paulo: Saraiva, 2014. p. 423.

Portanto, sendo respeitadas as regras que aqui proporemos como inarredáveis, as partes passarão a influir na concatenação dos atos processuais e elas mesmas, "levando em conta a diversidade das situações conflituosas de direito material, as pessoas e a expressão econômica do conflito, por exemplo", poderão propor a adequação de determinado procedimento à situação, ao litígio em concreto.

Assim sendo, cremos que a noção de procedimento deva conformar-se a essa nova realidade, de modo que ele seja compreendido como a forma exteriorizada do processo que conduz à solução dos conflitos, sendo, de fato, a forma e a ordem pelas quais o processo se desenvolve, tal como previsto em lei e passível de adequação pelas partes desde que observados os requisitos legais para tanto.

Concluindo esse respeito, temos para nós que processo, procedimento e mesmo ação são noções que não se confundem. Ação "é a garantia constitucional de constituir e desenvolver o processo (...). O exercício da ação dá-se, portanto, com o processo, isto é, a ação faz deflagrar o processo" [59]. Processo é o meio pelo qual se exerce o direito à ação, e procedimento é a marcha exterior, o conjunto de regras que põe o processo em movimento.

---

[59] LOPES, João Batista. *Curso de direito processual civil*, vol. I. 1. ed. São Paulo: Atlas, 2008. p. 100.

2. Negócio jurídico processual no direito estrangeiro

2.1 Alemanha

O direito alemão admite os negócios jurídicos processuais tipificados, ou seja, aqueles expressamente previstos em lei, bem como os atípicos, denominando-os, respectivamente, (i) contratos *strictu sensu* de procedimento (*prozessuale Verfügungsverträge*) e (ii) contratos que estabelecem obrigações relacionadas aos procedimentos (*prozessuale Verpflichtungsverträge*).

E conforme nos recordam Humberto Theodoro Júnior *et al*,

> A noção de negócios jurídicos processuais (*processrechtliche Verträge*) foi inicialmente dimensionada (na modernidade) pela pandectísta alemã, com várias categorias de acordos entre as partes que poderiam gerar impactos no processo, como, exemplificativamente, pactos de exclusão de um grau de jurisdição e de exclusão de competência, relativas às regras de procedimento, de inversão do ônus da prova, entre outras, e seus limites em face da intervenção judicial.[60]

É especialmente em Josef Kholer, na obra *Ueber Processrechtliche Verträge*[61], que se encontram tipificados, de maneira estruturada, os mais diversos tipos de negócio jurídico processual.

---

[60] Theodoro Júnior, Humberto; Nunes, Dierle; Bahia, Alexandre Melo Franco; Pedron, Fábio Quinaud. *Novo CPC – fundamentos e sistematização. Lei 13.105, de 16.03.2015*. 2. ed. Rio de Janeiro: GEN Forense, 2015. p.257 e seguintes.
[61] *Sobre acordos de processo* (tradução nossa).

A respeito dos denominados de negócios jurídicos processuais, Leo Rosemberg admoesta que

> Solamente la conducta configurativa del proceso es acto procesal. (...). Actos procesales son más bien aquellos actos regulados en sus *presupuestos* y *efectos* por el derecho procesal (RG, 77, 329), aun cuando tengan también consecuencias de derecho civil. (...). Un acto no podrá considerarse procesal por el solo hecho de *producir efectos en el proceso o de producirlos solamente en* él. (...) Y tampoco son actos procesales todos los contratos con efecto procesal (...). Las *declaraciones de acuerdo* procesales de ambas as partes (por ej., § 128, II; § 349, III) no son, sin embargo, acuerdo entre las partes, sino dos declaraciones procesales unilaterales al tribunal. (...). Tanto más non serán actos procesales los negocios jurídicos regulados en sus presupuestos y efectos por el derecho civil (...).[62]

Portanto, para o clássico jurista alemão, a análise acerca da existência de atos das partes que possam, ou poderiam vir a configurar o negócio jurídico processual, tem conexão não com a potencial repercussão desses atos ou negócios na esfera do processo, mas, sim, com seus pressupostos e elementos, que deveriam, segundo o jurista, emanar de normas processuais.

No caso do negócio jurídico do artigo 190 do CPC/2015, parece-nos que forçosamente, e mesmo com base nas lições de Rosemberg, é preciso reconhecer a designação "negócios jurídicos processuais", pois, como vimos, a análise dos referidos pressupostos e elementos parte também da norma processual que lhe dá os contornos específicos.

Contudo, percebe-se que a doutrina alemã admitia os negócios jurídicos processuais com bastante restrição, o que se confirma das lições de Oskar

---

[62] Cf. ROSEMBERG, Leo. *Tratado de derecho procesal civil*, t. I. 5 ed. Buenos Aires: EJEA, 1955. p. 360-361: "Somente a conduta configuradora do processo é ato processual. Atos processuais são mais especificamente aqueles atos regulados em seus pressupostos e efeitos pelo direito processual, ainda que tenham consequências de direito civil (...). Um ato não poderá ser considerado processual unicamente por produzir efeitos no processo ou de produzi-los apenas nele. (...). E tampouco são atos processuais todos os contratos com efeitos processuais. (...). As declarações de acordos processuais de ambas as partes não são, porém, acordos entre as partes, mas sim duas declarações processuais unilaterais ao tribunal. (...). Também não serão atos processuais os negócios jurídicos pelo direito civil quanto aos seus pressupostos e efeitos." (tradução nossa).

von Bülow, por meio de quem "forjou-se uma premissa de proibição do chamado 'processo convencional' (*Konventionalprozeß*)".[63]

Contudo, para Antônio do Passo Cabral, "se, no sec. XIX, a partir do florescimento do publicismo, as convenções processuais andavam desprestigiadas, a doutrina alemã ao longo do séc. XX retomou seu estudo. (...) muitos outros autores desenvolveram o tema abordando acordos setoriais, como as convenções sobre a prova, os custos, a execução etc."[64]

Seja como for, pelo que pudemos identificar, não existe no *Zivilprozessordnung*, o Código de Processo Civil Alemão (ZPO), uma cláusula geral ou um artigo específico – tal como o nosso artigo 190 do CPC/2015 – que regule a contratação dos negócios jurídicos atípicos de índole processual, mas esses negócios jurídicos são admitidos por aquele ordenamento. É o que nos ensina Christoph A. Kern, para quem

> German courts and the majority of legal writers distinguish two types of procedural contracts: Procedural contracts in strict sense and contracts creating an obligation with respect to proceedings. (...).[65]

Esclarece o autor que

> Procedural contracts in strict sense (*prozessuale Verfügungsverträge*) are contracts which have an immediate effect on the rules governing court proceedings (...). However, the immediate effect of procedural contracts is only accepted where a certain rule of procedural law is of non-mandatory character. (...). The most important cases are choice of forum and arbitration clauses, which are currently ruled by §§ 38 and 1032 (1) ZPO.[66]

---

[63] CABRAL, Antônio do Passo. *Convenções processuais. Entre publicismo e privatismo*. Tese (Livre-docência) – Faculdade de Direito da Universidade de São Paulo, 2015. p.93.
[64] Idem. Ibidem. p.109-111.
[65] KERN, Christoph A. *Procedural contracts in Germany*. In: CABRAL, Antonio do Passo; NOGUEIRA, Pedro Henrique (Coord.). *Negócios processuais*. 1. ed. São Paulo: Juspodivm, 2015. p. 179-191: "As cortes alemãs e a maioria dos juristas identificam dois diferentes tipos de contratos para procedimento: contratos de procedimento em sentido estrito e contratos que criam obrigações acerca dos procedimentos" (tradução nossa).
[66] Idem. Ibidem: "Os contratos de procedimento em sentido estrito (*prozessuale Verfügungsverträge*) são contratos que possuem um efeito direto nas regras que governam os procedimentos judiciais (...). No entanto, tais efeitos imediatos só são admitidos quando a regra processual não for daquelas mandatórias (...). As hipóteses de maior relevância são de eleição de foro e arbitragem, que são disciplinados pelos §§ 38 e 1032 (1) ZPO" (tradução nossa).

E quanto aos *prozessuale Verpflichtungsverträge*, arremata que

> In this case, the contract does not alter the procedural rules as such. It only demands a certain behavior of a party when the procedural rules allow the party to act in more than one way. In other words, the contract remains within the boundaries of the procedural rules and only stipulates for a certain behavior within the range of possible behaviors provided for by the procedural law. (...). As mentioned, for contracts creating an obligation with respect to proceeding, the principle of freedom applies. [67]

Desse modo, temos então, sob o olhar do ordenamento alemão, que são admitidos os negócios jurídicos processuais, sejam eles típicos (dentre os quais principalmente aqueles previstos no § 38 [Prorrogação de Foro] e § 1032, I [Convenção de arbitragem e demanda perante o tribunal])[68], sejam eles atípicos, que devem sempre tratar de normas não cogentes e não mandatórias e que admitam, portanto, mais de um comportamento pelas partes.

2.2 Estados Unidos da América

No sistema legal dos Estados Unidos da América os ditos *procedural private orderings* ou *contracts for procedure* são amplamente aceitos e admitidos cada vez com maior amplitude pelas cortes daquela nação.

Nas palavras de Jaime Dogde

> The right not only to a day in court, but to a fair day in court as defined by the court's procedural rules, once was a fundamental principle within the American system of justice: no man was permitted to bargain away his right to a fair hearing out of contractual benefit or necessity. No longer. Contracts modifying the spectrum of procedure, from commonplace jury-trial

---

[67] Idem. Ibidem: "Em tal hipótese, o contrato não altera as normas processuais. Ele apenas exige um comportamento específico das partes, nas hipóteses em que as normais processuais autorizem mais de um comportamento da parte em questão. Em outras palavras, o contrato permanece inserido dentro dos limites das normas processuais e somente pode estabelecer determinados comportamentos que estejam dentro do campo de atuação dos comportamentos admitidos pelas normas processuais (...). Como mencionado, com relação a tais contratos é aplicável o princípio da liberdade" (tradução nossa).
[68] ENCINAS, Emilio Eiranova Encinas; MÍGUEZ, Miguel Lourido. *Código procesal civil alemán*. Madrid: Marcial Pons, 2001. p. 23 e 302.

waivers to sophisticated alterations of evidentiary obligations and burdens of proof, are now broadly enforceable. (...) The existing doctrine affords parties substantial latitude in altering procedure, reasoning that allowing parties to tailor the process to their particular dispute can increase both certainty and efficiency.[69]

Para o autor, dois seriam os limites do negócio jurídico processual naquele país: (i) aqueles celebrados antes da existência do litígio restariam limitados às expressas proibições llegais – ou seja, onde existir norma mandatória, não se pode negociar procedimento distinto do fixado em lei (o que nos remete às limitações encontradas no sistema alemão a esse mesmo respeito); e (ii) nos negócios jurídicos processuais celebrados após a existência do litígio, as partes teriam maior liberdade para alterar o procedimento, mas, no mais das vezes, estariam sujeitas à homologação judicial.

Ademais, relembra o autor que o ponto de destaque para fixar os limites do negócio jurídico processual naquele pais é o da manutenção do equilíbrio. Em palavras mais específicas, equivale à paridade de armas entre as partes, de modo que o denominado *symmetrical theory of procedure* deva sempre ser observado, com o objetivo de evitar que as partes *strategically contract to manipulate substantive law and outcomes in a far more robust way than previously recognized, contravening well-established normative*[70].

Contudo, de acordo com as lições de Kevin E. Davis e Helen Hershkoff, o que se percebe é uma cada vez maior aceitação dos negócios jurídicos

---

[69] Cf. DODGE, Jaime. "The limits of procedural private ordering". *Virginia Law Review*. v. 97, n. 4, Junho/2011. p. 723-799. Disponível em <http://virginialawreview.org/sites/virginialawreview.org /files/723.pdf>. Acesso em: 10/01/2016: "O Direito de ter não apenas um dia na Corte, mas um dia correto e justo na Corte conforme definido pelas normas procedimentais da Corte, antes era um princípio fundamental inerente ao sistema de justiça Americano: ninguém poderia renunciar, negociar seus direitos a um processo justo por meio de benefícios contratuais. Não mais é assim. Contratos que modificam o espectro dos procedimentos, desde o lugar-comum da renúncia ao julgamento por um júri, até sofisticadas modificações nos ônus probatórios e obrigações correlatas, são agora amplamente executáveis. A doutrina atual permite que as partes alterem substancialmente o procedimento, sob a justificativa de que adequar o processo às particularidades das disputas individuais pode aumentar a certeza e a eficiência" (tradução nossa).
[70] Idem. Ibidem: "...teoria de um procedimento simétrico...estrategicamente contratem para manipular o direito substantivo para prevalecerem posições mais robustas do que as que eram legalmente previstas, de modo a desrespeitar normas já consolidadas" (tradução nossa).

processuais, respeitados os limites cabíveis, especialmente aqueles das normas mandatórias e cogentes[71].

2.3 França

O artigo 764 do *Noveau Code de Procédure Civile* Francês (NCPCF) expressamente cuidou de prever a possibilidade da contratação de determinados negócios jurídicos processuais, de modo a permitir que as partes possam autorregrar o processo em razão do, aí sim princípio, da autonomia da vontade. Tratou, então, o *codex* francês de expressamente inserir naquele sistema uma figura que, se não era nova, passou a ser legalmente prevista.

Referido dispositivo legal assim preconiza

> 764. Le juge de la mise en état fixe, au fur et à mesure, les délais nécessaires à l'instruction de l'affaire, eu égard à la nature, à l'urgence et à la complexité de celle-ci, et après avoir provoque l'avis des avocats. Il peut accorder des prorogations de délai. Il peut, après avoir recueilli l'accord des avocats, fixer un calendrier de la mise en état. Le calendrier comporte le nombre prévisible et la date des échanges de conclusions, la date de la clôture, celle des débats et, par dérogation aux premier et deuxième alinéas de l'article 450, celle du prononcé de la décision. Les délais fixés dans le calendrier de la mise en état ne peuvent être prorogés qu'en cas de cause grave et dûment justifiée. Le juge peut également renvoyer l'affaire à une conférence ultérieure en vue de faciliter le règlement du litige[72]

---

[71] Davis, Kevin E.; Hershkoff, Helen. "Contracting for procedure". *William and Mary Law Review*. Volume 53, Issue 2 (November 2011). Disponível em: <http://wmlawreview.org/contracting-procedure>. Acesso em: 01/07/2015. Também in: CABRAL, Antonio do Passo; Nogueira, Pedro Henrique (Coord.). *Negócios processuais*. 1. ed. São Paulo: Juspodivm, 2015. p. 131-178.

[72] *Noveau Code de Procédure Civile*. Disponível em: <http://codes.droit.org/cod/procedure_civile .pdf>. Acesso em: 01/07/2015. "764. O juiz estabelecerá o tempo necessário para a análise do caso, tendo em conta a natureza, a urgência e a complexidade do mesmo, após ouvidos os advogados das partes. Poderá conceder prorrogações de prazo. Pode, depois de obter acordo, fixar um calendário para a causa em análise. O calendário deverá conter a quantidade esperada de dias e data modificada das conclusões, encerramento, dos debates e, não obstante o primeiro e segundo parágrafos do artigo 450, a do proferimento da decisão. Os prazos fixados não poderão ser prorrogados em casos de causa grave e devidamente justificadas. O juiz também pode remeter o caso para uma conferência posterior para facilitar a resolução do litígio" (tradução nossa).

Como já apontamos, a figura não era nova no sistema francês, porque "seguindo uma tendência mundial de autorização para flexibilização procedimental fora das hipóteses expressamente previstas em lei, os franceses admitem a concessão de maior autonomia às partes e aos seus advogados com o intuito de possibilitar-lhes a adequação do procedimento às necessidades do caso em concreto"[73], surgindo, portanto, naquele país a figura do *contract de procédure*.

Loïc Cadiet, analisando a questão sob o manto daquele ordenamento, assim nos ensina, demonstrando que são inúmeras as hipóteses de cabimento do *contract procédure*, entre as quais aquelas que (i) buscam evitar a demanda; (ii) antecipam uma solução arbitral; (iii) antecipam uma solução negociável; e (iv) autorizam solução unilateral. Assim,

> El derecho francés favorece las cláusulas de discrepancia, tanto en legislación como en jurisprudencia. Estas clausulas se han visto sometidas a una autonomía jurídica con respecto al contrato en el que se inscriben que les permite escapar a la ineficacia que puede afectar a este último en razón, por ejemplo, de una nulidad o de una resolución. La anticipación de las partes puede conducirlas a prever claramente una solución extrajudicial a su discrepancia: la convención tiene entonces por objeto evitar el proceso judicial (§ 1); puede también llevarlas simplemente a programar la solución judicial de su posible querella (§ 2).[74]

Diogo Assumpção Rezende de Almeida, em obra monográfica sobre o tema dos negócios jurídicos processuais, ao traçar sua pesquisa sobre o direito francês esclarece que existem 3 (três) modalidades desse tipo de

---

[73] ALMEIDA, Diogo Assumpção Rezende de. "As convenções processuais na experiência francesa e no Novo CPC". In: CABRAL, Antonio do Passo; NOGUEIRA, Pedro Henrique (Coord.). *Negócios processuais*. 1. ed. São Paulo: Juspodivm, 2015. p. 245-268.

[74] Cf. CADIET, Loïc. *Los acuerdos procesales en derecho francés: situación actual de la contractualización del proceso y de la justicia en Francia*. Disponível em: <http://www.civilprocedurereview.com/ buscaeng/baixa_arquivo.php?id=59>. Acesso em: 13/12/2015. "O direito processual francês favorece as cláusulas de discrepância, tanto na legislação quanto na jurisprudência. Estas cláusulas submetem-se a uma autonomia jurídica relativamente aos contratos em que se inserem, o que permite que tais cláusulas não se afetem pela ineficácia que pode atingir o contrato em virtude, por exemplo de uma nulidade ou rescisão. A antecipação das partes pode conduzi-las a prever uma expressa modalidade de solução extrajudicial: a convenção tem então por objeto evitar o processo judicial (§ 1); pode também leva-las simplesmente a prever a solução judicial para a questão controvertida (§ 2)" (tradução nossa).

negócio naquele país, quais sejam: (i) acordos processuais entre advogados, já que, na década de 1980, percebeu-se, na França, diversas questões que dificultavam o desenrolar e mesmo a tramitação dos processos, as quais passaram a ser resolvidas por convenções entre as partes que deveriam submeter-se à concordância dos magistrados; (ii) acordos institucionais, decorrentes das iniciativas, a partir do ano 2000, da própria ordem dos advogados locais, o que culminou na regra do artigo 764 do NCPCF; e (iii) os reais *contracts de procédure*, sendo certo que "a jurisprudência das cortes francesas posiciona-se no sentido de exigir a concordância do magistrado, desde que a convenção faça alusão a alguma de suas prerrogativas como sujeito do processo. Caso contrário, o acordo processual produz efeitos imediatamente".[75]

Por fim, ainda Loïs Cadiet nos informa, ao tratar da desjudicialização do processo que acompanha os *contracts de procédure*, que

> (...) la desjudicialización no tendría cómo abarcar todo tipo de derechos litigiosos. Una línea roja, me parece, atraviesa la totalidad del fenómeno y esta es la de la disponibilidad de los derechos litigiosos. Los derechos indisponibles no pueden ser desjudicializados (...). "Solamente podrán constituir el objeto del contrato las cosas que estén en el comercio", dispone el artículo 1129, CC. A decir verdad, los derechos indisponibles no pueden ser desjurisdiccionalizados como demuestran numerosas disposiciones del CPC (...).[76]

Portanto, guardadas as diferenças até este momento identificadas entre os sistemas alemão, americano e francês, percebe-se que, em todos esses ordenamentos, há, parafraseando Cadiet, uma "linha vermelha" que lhes é comum.

---

[75] ALMEIDA, Diogo Assumpção Rezende de. *A contratualização do processo. Das convenções processuais no processo civil. De acordo com o novo CPC*. São Paulo: LTr, 2015. p. 42-51.

[76] CADIET, Loïc. "La desjudicialización – informe introductorio". In: NOGUEIRA, Pedro Henrique; CAVANI, Renzo. (Coord.). *Convenciones procesales. Estudios sobre negocio jurídico y proceso*, vol. 1. Lima: Raguel, 2015. p. 26-57: "(...) a desjudicialização não pode abranger todo tipo de direitos litigiosos. Uma linha vermelha, me parece, cruza a totalidade do fenômeno e esta [a linha vermelha] é a disponibilidade dos direitos litigiosos. Os direitos indisponíveis não podem ser desjudicializados. (...). 'Apenas poderão constituir objeto de contrato as coisas que estejam no comércio', dispõe o artigo 1129 CC. Em verdade, os direitos indisponíveis não podem ser desjurisdicionalizados, como demonstram diversos artigos do CPC" (tradução nossa).

2.4 Inglaterra

Em se tratando de ajustes com o objetivo de alterar o procedimento padrão na condução dos litígios, o sistema inglês, desde 1998 com a nova *Civil Procedure Rules* (CPR) e suas posteriores modificações, avançou bastante no tema. Para tanto, foram criadas determinadas figuras, bem como foi aumentado o campo de atuação de outras já existentes, tudo com o objetivo de acelerar o desfecho das lides e de diminuir o custo ali envolvido.

Especialmente a esse respeito no direito inglês, destacam-se (i) o *case management* e sua expansão; (ii) a maior discricionariedade judicial com a introdução do *overriding*; e (iii) a imposição de cooperação entre as partes.

A ampliação do *case management*, ou melhor, da administração/gestão dos litígios pelo juiz, e não pelas partes, surgiu como resposta ao sistema anterior à CPR, eis que, naquela conjuntura precedente,

> o juiz desempenhava, então, um papel passivo, como na tradição da *common law*, por meio do qual apenas reagia às provocações das partes e seus advogados, os efetivos responsáveis pela gestão processual. As diretrizes sugeridas pela corte podiam ser ignoradas sem maiores consequências.[77]

Sob a denominação *Court's duty to manage cases*, o artigo 1.4 da CPR deixa claro quais são os objetivos perseguidos pela ampliação do *case management*:

> 1.4
> (1) The court must further the overriding objective by actively managing cases.
> (2) Active case management includes –
> (a) encouraging the parties to co-operate with each other in the conduct of the proceedings;
> (b) identifying the issues at an early stage;
> (c) deciding promptly which issues need full investigation and trial and accordingly disposing summarily of the others;
> (d) deciding the order in which issues are to be resolved;
> (e) encouraging the parties to use an alternative dispute resolution(GL) procedure if the court considers that appropriate and facilitating the use of such procedure;
> (f) helping the parties to settle the whole or part of the case;

---

[77] ALMEIDA, Diogo Assumpção Rezende de. *A contratualização do processo. Das convenções processuais no processo civil. De acordo com o novo CPC*. São Paulo: LTr, 2015. p. 33.

(g) fixing timetables or otherwise controlling the progress of the case;
(h) considering whether the likely benefits of taking a particular step justify the cost of taking it;
(i) dealing with as many aspects of the case as it can on the same occasion;
(j) dealing with the case without the parties needing to attend at court;
(k) making use of technology; and
(l) giving directions to ensure that the trial of a case proceeds quickly and efficiently.[78]

O *overriding* é o reflexo de uma maior participação dos juízes na gestão dos casos, fazendo que os julgadores ingleses passassem a ocupar papel de destaque na condução e direcionamento das lides. O instituto consiste, em outras palavras, na autorização legal que a CPR deu aos julgadores para sobreporem, para reescreverem e para adequarem os procedimentos, sempre com o objetivo de agilizar a obtenção da solução judicial e de diminuir os custos envolvidos.

Contudo, mesmo entendendo-se, que por meio do *overriding*, os julgadores ingleses passam a ter um poder de preponderância na condução e na gestão dos litígios a eles submetidos, os limites para essa atuação estão circunscritos pelo artigo 3.1 (2) da própria CPR, que assim estabelece:

3.1. (2) Except where these Rules provide otherwise, the court may –
(a) extend or shorten the time for compliance with any rule, practice direction or court order (even if an application for extension is made after the time for compliance has expired);
(b) adjourn or bring forward a hearing;
(c) require a party or a party's legal representative to attend the court;

---

[78] Disponível em < https://www.justice.gov.uk/courts/procedure-rules/civil/rules/part01>. Consultado em: 14/12/2016: "1.4 (1) A Corte deverá em razão do *overriding* ativamente gerir os casos. (2) Gestão ativa dos casos – (a) estimular as partes a cooperarem entre si na condução dos procedimentos; (b) identificar as questões antecipadamente; (c) decidir de pronto quais as questões que demandarão maior investigação [dilação probatória] e julgamento, encurtando os demais; (d) estabelecer a ordem pela qual tais questões serão solucionadas; (e) estimular as partes no uso das soluções alternativas de conflito; (f) auxiliar as partes na celebração de acordos; (g) determinar o cronograma controlando o avanço dos processos; (h) levar em consideração o custo dos atos para sua realização; (i) concentrar a resolução das questões controversas; (j) solucionar as questões sem que as partes tenham que comparecer à Corte; (k) usar as tecnologias e (l) dar orientações para garantir que o julgamento dos processos seja rápido e eficiente" (tradução nossa).

(d) hold a hearing and receive evidence by telephone or by using any other method of direct oral communication;
(e) direct that part of any proceedings (such as a counterclaim) be dealt with as separate proceedings;
(f) stay(GL) the whole or part of any proceedings or judgment either generally or until a specified date or event;
(g) consolidate proceedings;
(h) try two or more claims on the same occasion;
(i) direct a separate trial of any issue;
(j) decide the order in which issues are to be tried;
(k) exclude an issue from consideration;
(l) dismiss or give judgment on a claim after a decision on a preliminary issue;
(ll) order any party to file and exchange a costs budget;
(m) take any other step or make any other order for the purpose of managing the case and furthering the overriding objective, including hearing an Early Neutral Evaluation with the aim of helping the parties settle the case.[79]

Por fim, quanto aos limites do poder da Corte para alterar as regras procedimentais, esclarece Diogo Assumpção Rezende de Almeida que

> A abrangência dos poderes do juiz é também observada pela escassa intromissão dos tribunais de apelação acerca das ordens dirigidas à gestão dos

---

[79] Disponível em: <https://www.justice.gov.uk/courts/procedure-rules/civil/rules/part03#3.1>. Consultado em: 14/12/2016: "3.1. (2) Exceto quando estes Regras estabelecerem de maneira distinta, a Corte deverá: (a) prorrogar ou reduzir os prazos para atendimento a quaisquer normas, atender solicitações ou ordens da Corte (mesmo se uma prorrogação tiver sido concedida após transcurso do prazo); (b) adiar ou antecipar audiências; (c) determinar uma parte ou a seu representante que compareça à Corte; (d) suspender uma audiência e produzir provas por telefone ou outro meio oral; (e) determinar que qualquer parte do procedimento (tal como a reconvenção) seja processada em procedimento autônomo; (f) sustar parte ou toda fase de um determinado procedimento ou julgamento de maneira geral, ou em razão de uma data ou evento específico; (g) consolidar procedimentos; (h) julgar dois ou mais litígios conjuntamente; (i) determinar julgamentos independentes para quaisquer questões; (j) decidir a ordem pela qual as questões serão julgadas; (k) excluir qualquer questão da sua apreciação; (l) não conhecer ou julgar certas questões após decisões preliminares; (ll) determinar que as partes apresentem e troquem entre si orçamentos; (m) adotar todo e qualquer procedimento com vistas a gerir o caso como decorrência do *overriding*, podendo até determinar audiências perante um terceiro desinteressado para auxiliar as partes na conciliação." (tradução nossa).

processos. A *Court of Appeal* dificilmente reforma decisões com esse intuito, a fim de não prejudicar o trabalho de quem está mais próximo do caso e das partes, bem como para não limitar a discricionariedade outorgada pelo legislador. Neil Andrews e Adrian Zuckerman concordam que somente é legitima a revisão de a decisão se demonstrar incorreta, no que concerne aos princípios gerais adotados pelas CPR.[80]

Desse modo – ao contrário do que identificamos até aqui por ocasião da análise das figuras assemelhadas ao nosso negócio jurídico processual do artigo 190 do CPC/2015 –, não existe, no direito inglês, de maneira muito delineada a anteriormente descrita linha vermelha, delimitadora do campo de atuação do *overriding*. Isso pode ser atribuído ao sistema da *common law*, que ainda conduz com maior relevância os procedimentos judiciais ingleses.

2.5 Itália

Na Itália, também ao contrário do que visto até agora no direito estrangeiro, a teorias acordos processuais é de todo incipiente e quase inexistente. A esse respeito atesta Remo Caponi

> Completamente diverso es el panorama que se abre al dar una mirada a la experiencia italiana. Sobre la categoría de los acuerdos procesales, em sí y por sí considerada, ha caído sustancialmente olvido. (...). El tema parece, actualmente, una rama bastante seca en la reflexión italiana contemporánea, abandonado a episódicas intervenciones jurisprudenciales condicionadas, como es inevitable, por el análisis del caso concreto (...).[81]

Contudo, a exemplo do modelo francês, o artigo 81 *bis* do Código de Processo Civil Italiano (CPCI) prevê a possibilidade de que o juiz, depois de terem sido ouvidas as partes, poderá fixar um cronograma de atos. Trata-

---

[80] ALMEIDA, Diogo Assumpção Rezende de. *A contratualização do processo. Das convenções processuais no processo civil. De acordo com o novo CPC.* São Paulo: LTr, 2015. p. 40.

[81] Cf. CAPONI, Remo. "Autonomia privada y processo civil: los acuerdos procesales". In: NOGUEIRA, Pedro Henrique; CAVANI, Renzo. (Coord.). *Convenciones procesales. Estudios sobre negocio jurídico y proceso.* Lima: Raguel, 2015. p. 59-84: "Completamente diverso é o panorama que se abre ao analizar-se a experiencia italiana. Sobre a categoria dos acordos processuais, em si e por si mesmo considerada, paira um silêncio considerável. (...). O tema parece, atualmente, um ramo bastante ressecado na reflexão italiana contemporânea, abandonado a intervenções pontuais da jurisprudência, condicionada, sempre, como é inevitável, à análise do caso em concreto (...)" (tradução nossa).

-se do dito "calendário processual", a depender das características em concreto do caso *sub judice*:

> Art. 81-bis.
> (Calendario del processo)
> Il giudice, quando provvede sulle richieste istruttorie, sentite le parti e tenuto conto della natura, dell'urgenza e della complessità della causa, fissa, nel rispetto del principio di ragionevole durata del processo, il calendario delle udienze successive, indicando gli incombenti che verranno in ciascuna di esse espletati, compresi quelli di cui all'articolo 189, primo comma. I termini fissati nel calendario possono essere prorogati, anche d'ufficio, quando sussistono gravi motivi sopravvenuti. La proroga deve essere richiesta dalle parti prima della scadenza dei termini.
> Il mancato rispetto dei termini fissati nel calendario di cui al comma precedente da parte del giudice, del difensore o del consulente tecnico d'ufficio può costituire violazione disciplinare, e può essere considerato ai fini della valutazione di professionalità e della nomina o conferma agli uffici direttivi e semidirettivi.[82]

A esse respeito, Fábio Peixinho Gomes Correa ensina que

> Em 2011, nova reforma introduziu a expressa previsão de que a fixação do calendário processual deverá ser orientada pelo princípio da duração razoável do processo. Desta feira, enquanto o instituto análogo francês enfatiza o caráter decisivo da vontade das partes, a legislação processual italiana insere a fixação do calendário processual entre os poderes instrutórios do juiz (art. 175). Ao juiz italiano caberá ouvir as partes (art. 81) sobre a necessidade de

---

[82] Disponível em <http://www.altalex.com/documents/news/2014/10/28/disposizioni-di-attuazione-del-c-p-c>. Consultado em 07/11/2015: "O juiz, quando dispõe sobre os requerimentos instrutórios, ouvidas as partes e considerando a natureza, urgência e complexidade da causa, fixa, em respeito ao princípio do razoável prazo de duração do processo, o calendário das audiências sucessivas, indicando aqueles incumbidos de comparecer em cada uma delas, inclusive aqueles referidos no art. 189, parágrafo primeiro. Os prazos fixados no calendário podem ser prorrogados, inclusive de ofício, quando existem graves motivos supervenientes. A prorrogação deve ser requerida pelas partes antes do vencimento dos prazos. O desrespeito aos prazos fixados no calendário do parágrafo precedente por parte do juiz, do defensor ou do consultor técnico pode constituir violação disciplinar, e pode ser considerado para fins de avaliação de profissionalismo e de nomeação ou confirmação para os cargos de direção e subdireção" (tradução nossa).

instrução para, à luz de suas manifestações, decidir se o processo deve ser remetido diretamente à fase decisória ou se demanda a realização dos atos instrutórios. (...). A despeito das peculiaridades desses dois sistemas, ambos consideram que o calendário processual não tem caráter obrigatório.[83]

Ao que parece, então, com o advento dessa novidade legislativa em terras italianas, o incômodo silêncio atestado por Remo Caponi a respeito dos negócios jurídico processuais muito provavelmente chegará ao fim.

2.6 Portugal

Em Portugal, a Lei nº 41/2013, de 26 de Junho, introduziu naquele ordenamento o novo Código de Processo Civil português (CPCP/2013), que, no artigo 547º, expressamente autoriza o juiz a adequar a tramitação processual às especificidades da causa, permitindo a flexibilização procedimental por iniciativa do julgador

> Artigo 547º
> Adequação formal
> O juiz deve adotar a tramitação processual adequada às especificidades da causa e adaptar o conteúdo e a forma dos atos processuais ao fim que visam atingir, assegurando um processo equitativo.[84]

O dispositivo legal em questão corresponde ao artigo 265-A do Código de Processo Civil português de 1961 (CPCP/1961), que levou para aquele ordenamento o princípio da adequação formal

> Artigo 265-A.
> Princípio da adequação formal
> Quando a tramitação processual prevista na lei não se adequar à especificidades da causa, deve o juiz, oficiosamente, ouvidas as partes, determinar a prática dos actos que melhor se ajustem ao fim do processo, bem como as necessárias adaptações.[85]

---

[83] CORRÊA, Fábio Peixinho Gomes. "Negócios jurídicos processuais: uma nova fronteira?" *Revista do Advogado: O Novo Código de Processo Civil*. Ano XXXV, n. 126, Maio de 2015. p. 76-81.
[84] Disponível em <http://www.pgdlisboa.pt/leis/lei_mostra_articulado.php?artigo_id=1959A0547&nid= 1959&tabela=leis&pagina=1&ficha=1&nversao=#artigo>. Consultado em: 13/12/2015.
[85] MESQUITA, Miguel. *Código de Processo Civil*. 7. ed. Coimbra: Almedina, 2010. p. 286-287.

Acerca do aludido princípio da adequação formal, ensinam Wanda Ferraz Brito e Duarte Romeira de Mesquita que – tal como já vimos em todos os sistemas legais analisados até agora – a referida linha vermelha igualmente se faz presente para, de certa forma, delimitar o alcance dos ditos negócios jurídicos processuais.

> O princípio da adequação formal foi introduzido no Código com vista a conseguir *maior eficácia* nos mecanismos processuais e obter *simplificação processual* nos casos em que não existam razões que justifiquem determinadas formalidades abstractamente previstas. O alcance deste princípio, porém, *não deve ir tão longe* que permita o afastamento puro e simples do princípio da legalidade das formas processuais e o completo abandono da natureza publicística do processo civil, observação, aliás, constante do preâmbulo do Decreto-lei 180/96, onde se refere que 'a adequação não visa a criação de uma espécie de processo alternativo, da livre discricionariedade dos litigantes, mas a ultrapassagem de eventual desconformidade com as previsões genéricas das normas de direito adjectivo'".[86]

Em que pese as lições acima dizerem respeito especificamente ao CPCP/1961, como o novel artigo 547º do CPCP/2013, elas são uma correspondência quase literal daquela codificação. É, portanto, forçoso compreender a nova redação sob aquelas lições, as quais estabelecem claramente que a natureza publicista do processo não foi abandonada em solo português, de modo que os litigantes não são dotados de livre discricionariedade e ainda se submetem às normas cogentes e às previsões gerais do CPCP/2013.

---

[86] BRITO, Wanda Ferraz; MESQUITA, Duarte Romeira de. *Código de Processo Civil – Anotado*. 18. ed. Coimbra: Almedina, 2009. p. 286-287.

3. Negócio jurídico processual brasileiro em espécie

3.1 Período anterior ao CPC/2015

O Regulamento 737 (Decreto n. 737, de 25 de novembro de 1850) – já há muito tempo, ao tratar de procedimento e do "Juízo no processo commercial" – demonstrava certa aceitação para as convenções das partes em matéria procedimental, conforme seu artigo 245, que assim disciplinava

> Art. 245. Esta fórma de processo é extensiva a qualquer acção, si as partes assim convencionarem expressamente.[87]

Por seu turno, o Decreto-lei n. 1.608, de 18 de setembro de 1939, que trouxe para o sistema o Código de Processo Civil de 1939 (CPC/1939), demonstrava – já nas Exposições de Motivos e apesar da carga de extremo publicismo – certa preocupação o formalismo exagerado, o qual somente prestava para afastar do Judiciário aqueles que dele mais necessitavam

> O processo em vigor, formalista e bizantino, era apenas um instrumento das classes privilegiadas, que tinham lazer e recursos suficientes para acompanhar os jogos e as cerimônias da justiça, complicados nas suas regras, artificiosos na sua composição e, sobretudo, demorados nos seus desenlaces. As transformações políticas que entre nós se cumpriram abrem entretanto o gozo dos instrumentos de governo a uma imensa massa humana, que

---

[87] Disponível em: <http://www.planalto.gov.br/ccivil_03/decreto/Historicos/DIM/DIM737.htm>. Consultado em: 09/12/2015.

antes não participava deles senão indireta e escassamente, e assim impõem um novo regime à administração da justiça.[88]

Ademais, o artigo 16 do CPC/1939 trazia em seu bojo a ideia de renúncia, de ato unilateral que fosse, que alteraria a macha procedimental

> Art. 16. As desistências não dependerão de termo, embora só produzam efeitos jurídicos depois de homologadas por sentença.

A discussão acerca dos negócios jurídicos processuais, como já apontamos na introdução ao presente trabalho, não é nova, e, mesmo sob a batuta do CPC/1973, essa questão já ocupava seu espaço, ainda que, por óbvio, com menos repercussão. Não à toa, Pontes de Miranda reconhecia aquilo que denominou por *princípio da preferibilidade do rito ordinário*. Isso, de certo modo, leva a crer que o jurista, já naquele momento, reconhecia que, mesmo dentro de limites impostos pela legislação da época, as partes tinham a faculdade de escolher um procedimento em detrimento de outro, e de certo modo, portanto, influenciavam na marcha procedimental

> Ainda se a lei adota para alguma ação o processo especial, pode o autor preferir o processo ordinário. É o *princípio da preferibilidade do rito ordinário*".[89]

Todavia, salvo as expressas previsões legais autorizadoras de modificações de regras procedimentais, boa parte da doutrina pátria não admitia a possibilidade de negócios jurídicos processuais outros[90].

No modelo do CPC/1973, reconhecia-se, no artigo 158, o embrião do que hoje podemos entender como negócios jurídicos processuais. Contudo, como já indicamos mais acima, não cremos que o dispositivo legal em

---

[88] Disponível em: <http://www2.camara.leg.br/legin/fed/declei/1930-1939/decreto-lei-1608-18-setembro-1939-411638-norma-pe.html>. Consultado em: 09/12/2015.

[89] PONTES DE MIRANDA, Francisco Cavalcanti. *Comentários ao Código de Processo Civil. Tomo III: arts. 154-281*. Rio de Janeiro: Forense, 1973. p. 466.

[90] Cândido Rangel Dinamarco, Alexandre Freitas Câmara, Daniel Francisco Mitidiero, Vicente Greco Filho, Ernane Fidélis da Costa, Rodolfo Kronemberg Hartmann e José Joaquim Calmon de Passos, dentre outros, já manifestaram posicionamento que não admitia a figura dos negócios jurídicos processuais antes do advento do CPC/2015, conforme nos informa Leonardo Carneiro da Cunha ("Negócios jurídicos processuais no processo civil brasileiro". In: CABRAL, Antonio do Passo; NOGUEIRA, Pedro Henrique (Coord.). *Negócios processuais*. 1. ed. São Paulo: Juspodivm, 2015. p. 27-61).

questão de fato possa ser assim considerado. Ademais, mesmo que assim não fosse, referido dispositivo legal teve sua "aplicação marcada mais por vinculação a hipóteses típicas de negócios jurídicos processuais, não galgando tanta notoriedade como cláusula geral apta a propiciar outros negócios jurídicos processuais atípicos muito em razão do dogma da irrelevância da vontade das partes no processo"[91].

De todo modo – mesmo sendo, ainda sob a égide do CPC/1973, bastante incipiente a produção doutrinária a respeito dos negócios jurídicos processuais –, é de se destacar a obra de Galeno Lacerda, que já há bastante tempo lapidou as discussões sobre o princípio da adequação do processo, que assim disciplinava

> Quando se fala em 'forma' no processo, acodem logo as palavras com que MONTESQUIEU inaugura o Livro 29, de seu Espírito das Leis: 'As formalidades da justiça são necessárias à liberdade'. Esse conceito, tão pleno de ressonância, destacado das demais palavras do texto,
> que lhe abrandam a grandiloquência, foi responsável por séculos de equívocos, na radicalização do rito, como um valor em si mesmo, em nome de um pretenso e abstrato interesse público, descarnado do humano e do verdadeiro objetivo do processo, que é sempre um dado concreto da vida, e jamais um esqueleto de formas sem carne. Subverteu-se o meio em fim. Distorceram-se as consciências a tal ponto que se cria fazer justiça, impondo-se a rigidez da forma, sem olhos para os valores humanos em lide. Lavavam-se as mãos sob o escudo frio e impassível da sacralidade do rito. Tão fascinante é o estudo do direito processual no seu dinamismo, que conduz facilmente o espírito a hipertrofiá-lo como ramo do direito, em demérito dos demais.[92]

Sérgio Mattos, a respeito do trabalho pioneiro de Galeno Lacerda em terreno pátrio, admoesta, contudo, que

> Não se pode abrir mão da flexibilização procedimental. Mas há um limite intransponível para realiza-la: o 'respeito aos direitos fundamentais, sobretudo a garantia constitucional do contraditório'. Assim, mostra-se lícita

---

[91] CORRÊA, Fábio Peixinho Gomes. "Negócios jurídicos processuais: uma nova fronteira?" *Revista do Advogado: O Novo Código de Processo Civil*. Ano XXXV, n. 126, Maio de 2015. p. 76-81.
[92] LACERDA, Galeno. "O Código e o formalismo processual". *Revista da AJURIS*. Porto Alegre, 1983, 28/8.

a adaptação do procedimento 'desde que [disso] não resulte prejuízo à defesa (...).[93]

Como já vimos das lições de José Carlos Barbosa Moreira, com maior ou menor aplicação predominou, mesmo sob a égide do CPC/1973, "a tese da admissibilidade de convenções não autorizadas *expressis verbis* na lei, conquanto se esforcem os escritores a estabelecer limites, sem que se haja até agora logrado unanimidade na fixação de critérios restritivos"[94].

O que se tinha dentro do cenário do CPC/1973 era uma gama de possibilidades de negócios jurídicos processuais tipificados, ou seja, expressamente previstos no ordenamento pátrio, entre os quais: (i) eleição de foro (artigo 111); (ii) prazos dilatórios (artigo 181); (iii) convenção de arbitragem (artigos 267, VII e 301, IX); (iv) transação judicial (artigos 269, III; 475-N, III e V e 794, II); (v) distribuição do ônus probatório (artigo 333, § único); (vi) adiamento de audiência (artigo 453, I); (vii) liquidação de sentença por arbitramento (artigo 475-C, I). A esse respeito nos remetemos ao trabalho de Leonardo Carneiro da Cunha, que traça minuciosa relação dos negócios jurídicos processuais expressamente tipificados no CPC/1973.[95]

Leonardo Greco realizou minudente apontamento dos negócios jurídicos processuais regulados pelo CPC/1973, tendo o autor identificado nada menos do que 39 (trinta e nove) modalidades típicas ou atípicas, dentre as quais destacamos, entre outras: (i) *pacto de non petendo;* (ii) dispensa de assistente técnico; (iii) eleição de perito único; (iv) nomeação de administrador do usufruto; (v) vedação do chamamento ao processo; (vi) segredo de justiça; e (vii) escolha do bem a ser penhorado.[96]

Entretanto, não só de negócios jurídicos processuais típicos viveu o CPC/1973, eis que a jurisprudência pátria, mesmo no período aqui anali-

---

[93] MATTOS, Sérgio. "O princípio da adequação do processo na visão de Galeno Lacerda". *Revista de Processo*. Ano 38, v. 226, Dez/2013. p. 147-161.

[94] MOREIRA, José Carlos Barbosa. *Temas de direito processual civil. Terceira série.* São Paulo: Saraiva, 1984. p. 91.

[95] CUNHA, Leonardo Carneiro. "Negócios jurídicos processuais no processo civil brasileiro". In: CABRAL, Antonio do Passo; NOGUEIRA, Pedro Henrique (Coord.). *Negócios processuais.* 1. ed. São Paulo: Juspodivm, 2015. p. 27-61.

[96] GRECO, Leonardo. "Os atos de disposição processual: primeiras reflexões". In: MEDINA, José Miguel et al. *Os poderes do juiz e o controle das decisões judiciais: estudos em homenagem à Professora Teresa Arruda Alvim Wambier.* São Paulo: RT, 2008. p. 290-304.

sado, admitia a contratação, entre as partes, de determinados negócios jurídicos que teriam impacto no procedimento.

Recordamos aqui alguns dos exemplos de negócios jurídicos processuais atípicos na regência do CPC/1973.

As partes, quando da constituição de hipoteca, poderiam, a teor do artigo 1.484 do CC, previamente estabelecer o valor de avaliação pelo qual o bem seria alienado no caso de execução forçada, divergindo a jurisprudência quanto à aplicação desse ajuste de índole contratual[97].

Outra hipótese de negócio jurídico processual não tipificado em lei, que recorrentemente fazia impactar alterações de natureza procedimental dizia respeito aos honorários advocatícios sucumbenciais previamente fixados em contrato. Até hoje, é bastante comum identificar, nos mais diversos tipos contratuais, cláusulas assemelhadas, por meio das quais as partes buscam prefixar o percentual ou mesmo um valor fixo de honorários advocatícios a serem fixados pelo juiz em caso de litígio e de sucumbência.

A jurisprudência divergia sobre o assunto, ora pendendo para a aceitação da prefixação dos honorários de sucumbência como verdadeiro negócio

---

[97] Contra: TJSP – AI 2039701-46.2014.8.26.0000 – 14ª. Câm. Dir. Priv. – Rel. Des. Melo Colombi – j. 28.04.2014: "Consoante dispõe o art. 1484 do CC, "É lícito aos interessados fazer constar das escrituras o valor entre si ajustados dos imóveis hipotecados, o qual, devidamente atualizado, será a base para as arrematações, adjudicações e remições, dispensada a avaliação. Ocorre que o valor constante nas escrituras é considerado relativo, não podendo dispensar avaliação. Afinal, como bem se observa da letra da lei, o valor dado pelas partes ao bem na escritura constitui apenas base para arrematações e adjudicações, e não um teto ou limite indiscutível e impassível de modificação". Vide também STJ – AgRg no REsp 1163585/RS – 3ª. T. – Rel. Min. Ricardo Villas Bôas Cueva – j. 17/10/2013: "A avaliação do bem imóvel objeto da penhora é indispensável nas execuções regidas pelo Código de Processo Civil, independentemente do valor anteriormente acordado pelos interessados. Precedentes"; A favor: TJSP – AI 0043302-12.2005.8.26.0000 – 9ª. Câm. Dir. Priv. – Rel. Des. Grava Brazil – j. 17/05/2005: "O texto do artigo 1484, do Código Civil, é preciso: "É lícito aos interessados fazer constar das escrituras o valor entre si ajustado dos imóveis hipotecados, o qual, devidamente atualizado, será a base para as arrematações, adjudicações e remições, dispensada a avaliação". A clara letra da lei e o acordo expresso, contido na "Escritura Pública de Venda e Compra Com Pacto Adjeto de Hipoteca", mais precisamente na cláusula quarta, parágrafo segundo, estipulando o valor do bem, torna perfeitamente dispensável a providência determinada em primeiro grau. De resto, nada consta de concreto que possa colocar em dúvida o valor estipulado ou sugerir que não esteja adequado às características do bem hipotecado. Logo, a providência de avaliação, medida formal, que está, em última análise, voltada a balizar o seguimento da execução, dando parâmetros para as decisões do juízo, no caso, pode ser dispensada".

jurídico processual[98], ora repelindo a prática, por reconhecer que é do juiz a prerrogativa de fixar a verba[99].

Ressalte-se, por fim, quanto ao período anterior ao CPC/2015, que "foi, de fato, a partir de meados da década passada, que começamos a visualizar uma clara tendência, na literatura brasileira, a favor da admissibilidade dos negócios processuais".[100]

3.2 Período do CPC/2015

3.2.1 Considerações iniciais

Ao longo de todo o presente trabalho, já logramos introduzir e mesmo aprofundar paulatinamente o tema dos negócios jurídicos processuais na forma do artigo 190 do CPC/2015, verdadeira cláusula geral que permite, respeitados os limites que já identificamos de maneira espraiada, a contratação de modificações relacionadas ao procedimento, e somente a ele.

A partir deste momento, então, realizaremos dois trabalhos: primeiramente, condensaremos tudo o que por aqui já identificamos de modo a comprovar nossa tese, melhor analisando a figura do artigo 190 do CPC/2015; em seguida, identificaremos com maior acuidade os limites dessa figura, o que certamente já foi pinçado pelo leitor mais atento.

Tentaremos também – como exercício meramente exemplificativo, e nunca exaustivo, já que o engenho humano é assaz criativo e sempre logrará identificar hipóteses de negócios jurídicos processuais das mais diversas e por nós aqui não vislumbradas – discutir sobre algumas das hipóteses em concreto com relação às quais já se tem cogitado da celebração de negó-

---

[98] TJSP – Ap. Cív. 0027450-60.2010.8.26.0003 – 27ª. Câm. Dir. Priv. – Rel. Des. Hugo Crepaldi – j. 14.06.2011: "No tocante a aplicação dos honorários advocatícios em 20%, não há reparos a serem realizados, porquanto a cláusula quarta do instrumento firmado entre as partes estabelece que "se houver necessidade de intervenção judicial, a verba honorária de 20% (vinte por cento) incidirá sobre o valor atribuído à causa".

[99] TJSP – Ap. 9075454-18.2009.8.26.0000 – 35ª. Câm. Dir. Priv. – Rel. Des. Mendes Gomes – j. 28.03.2011: "CONDENAÇÃO DA RÉ AO PAGAMENTO DE HONORÁRIOS ADVOCATÍCIOS CONVENCIONADOS PELOS LITIGANTES NO CONTRATO DE LOCAÇÃO – INADMISSIBILIDADE -FIXAÇÃO DA VERBA HONORÁRIA SUCUMBENCIAL QUE NÃO COMPETE ÀS PARTES, POR SER ATO PRIVATIVO DO JUIZ – ARTIGO 20, § 3º, DO CÓDIGO DE RITO".

[100] CABRAL, Antônio do Passo. *Convenções processuais. Entre publicismo e privatismo*. Tese (Livre-docência) – Faculdade de Direito da Universidade de São Paulo, 2015. No prelo. p.125.

cios jurídicos processuais, umas com maior, e outras com menor plausibilidade, ao menos no nosso sentir.

Sigamos, então, nosso roteiro.

3.2.1.1 Um novo Código e a compatibilização entre publicismo e privatismo

Na exposição de motivos do projeto de lei responsável por impulsionar o processo legislativo que culminou na Lei 13.105/2015 (projeto de lei que foi substancialmente alterado até chegar-se à redação final desse nosso CPC/2015, ressalte-se, e que no apagar das luzes ainda sofreu alterações por força do Projeto de Lei da Câmara 168/2015), o Ministro Luiz Fux teceu as seguintes considerações

> William Shakespeare, dramaturgo inglês, legou-nos a lição de que o tempo é muito lento para os que esperam e muito rápido para os que têm medo. Os antigos juristas romanos, por sua vez, porfiavam a impossibilidade de o direito isolar-se do ambiente em que vigora, proclamando, por todos, Rudolf Jhering no seu *L.espirit Du droit romain*, que o método imobilizador do direito desaparecera nas trevas do passado. (...). No afã de atingir esse escopo deparamo-nos com o excesso de formalismos processuais, e com um volume imoderado de ações e de recursos. Mergulhamos com profundidade em todos os problemas, ora erigindo soluções genuínas, ora criando outras oriundas de sistema judiciais de alhures, optando por instrumentos eficazes, consagrados nas famílias da *civil law* e da *common law*, sempre prudentes com os males das inovações abruptas mas cientes em não incorrer no mimetismo que se compraz em repetir, ousando
>
> sem medo. (...). O Brasil clama por um processo mais ágil, capaz de dotar o país de um instrumento que possa enfrentar de forma célere, sensível e efetiva, as misérias e as aberrações que passam pela Ponte da Justiça. Missão cumprida, Senhor Presidente. Receba esse anteprojeto sob a magia da oração em forma de poesia, daquele que valia por uma literatura; o saudoso e insuperável Fernando Pessoa: É o tempo da travessia E se não ousarmos fazê-la teremos ficado ... para sempre ... À margem de nós mesmos".[101]

---

[101] Disponível em <http://www.senado.gov.br/senado/novocpc/pdf/Anteprojeto.pdf>. Consultado em: 10/10/2015.

A referida exposição de motivos, por mais que tenha sido redigida em relação a um projeto de lei em muito modificado até que seu produto final do CPC/2015, deixa claro que os trabalhos legislativos, expressão última do espírito do legislador, se é que de fato podemos usar uma expressão como tal resta desse modo consolidado

> Há mudanças necessárias, porque reclamadas pela comunidade jurídica, e correspondentes a queixas recorrentes dos jurisdicionados e dos operadores do Direito, ouvidas em todo país. Na elaboração deste Anteprojeto de Código de Processo Civil, essa foi uma das linhas principais de trabalho: resolver problemas. Deixar de ver o processo como teoria descomprometida de sua natureza fundamental de método de resolução de conflitos, por meio do qual se realizam valores constitucionais. (...). O novo Código de Processo Civil tem o potencial de gerar um processo mais célere, mais justo,6 porque mais rente às necessidades sociais7 e muito menos complexo.8 A simplificação do sistema, além de proporcionar-lhe coesão mais visível, permite ao juiz centrar sua atenção, de modo mais intenso, no mérito da causa. Com evidente redução da complexidade inerente ao processo de criação de um novo Código de Processo Civil, poder-se-ia dizer que os trabalhos da Comissão se orientaram precipuamente por cinco objetivos: 1) estabelecer expressa e implicitamente verdadeira sintonia fina com a Constituição Federal; 2) criar condições para que o juiz possa proferir decisão de forma mais rente à realidade fática subjacente à causa; 3) simplificar, resolvendo problemas e reduzindo a complexidade de subsistemas, como, por exemplo, o recursal; 4) dar todo o rendimento possível a cada processo em si mesmo considerado; e, 5) finalmente, sendo talvez este último objetivo parcialmente alcançado pela realização daqueles mencionados antes, imprimir maior grau de organicidade ao sistema, dando-lhe, assim, mais coesão.[102]

E em nota de rodapé, a exposição de motivos deixa cristalino que tudo o que se almeja com o novo Código é operar o direito e mantê-lo dentro do modelo constitucional que já identificamos no presente trabalho

> Hoje, costuma-se dizer que o processo civil constitucionalizou-se. Fala-se em modelo constitucional do processo, expressão inspirada na obra de Italo Andolina e Giuseppe Vignera, Il modello costituzionale del processo civile italiano: corso di lezioni (Turim, Giapicchelli, 1990). O processo há de

---

[102] Idem. Ibidem.

ser examinado, estudado e compreendido à luz da Constituição e de dar o maior rendimento possível aos seus princípios fundamentais.[103]

A esse respeito, primeiramente, destacamos que não compartilhamos desse otimismo todo advindo de um texto legislativo que, em tese, veio para salvar o sistema processual vigente.

É certo que as novidades são bem-vindas e realmente temos de recebê-las com bons olhos, mas, no nosso sentir, não serão leis que mudarão o perfil antropológico e sociológico com base nos quais uma determinada sociedade foi construída. Não se pode, no nosso entender, forçar determinados comportamentos que não comungam com aspectos comezinhos de determinado povo.

Contudo, verdade seja dita, as coisas como estavam não atendiam aos anseios dos jurisdicionados, e manter as coisas como sempre foram certamente não traria resultados diferentes. Mesmo porque, como diz o popular brocardo atribuído sem qualquer evidência a Einstein, "insanidade é fazer sempre a mesma coisa várias e várias vezes esperando obter um resultado diferente".

Não sejamos, então, insanos e admitamos que a mudança era necessária. Algo de fato precisava ser feito com vistas a mudar o estado das coisas e auxiliar na concreção da Justiça e dos valores constitucionais; e, como vimos, é esse o objetivo do CPC/2015.

As novidades e os desafios são vários. E, para o que interessa ao nosso estudo, temos de destacar que o legislador trouxe para o sistema processual alguns princípios que, se não de todo novos, receberam uma roupagem que os distingue do antigo. Ademais, ao menos assim entendemos, deverão importar numa modificação da leitura em relação ao sistema anterior do CPC/1973, especialmente, para o nosso trabalho, no que se refere ao denominado princípio do autorregramento da vontade (autonomia da vontade, dita de um modo mais suntuoso, como se isso fosse necessário) sobre o qual trataremos com mais detalhes um pouco adiante.

A esse respeito, Bruno Redondo, defendendo um "rompimento radical com o sistema do CPC/1973", assim estabelece

> Ante a clareza da redação dos arts. 190 e 200 do CPC/2015, não há como negar que o novo diploma consagrou, expressamente, três novidades muito

---

[103] Idem. Ibidem.

significativas: (i) *princípio da adequação procedimental* (especialmente a negocial, ao permitir que as partes promovam adaptações no procedimento); (ii) *cláusula geral de atipicidade de negócios processuais* (ampla liberdade das partes para convencionar sobre os seus ônus, poderes, faculdades e deveres processuais) e (iii) *princípio do autorregramento da vontade das partes* (...). Para a adequada aplicação da nova sistemática processual, é necessário partir-se de uma nova premissa. O objetivo do processo é a tutela do direito material, cujo titular são as partes. Por essa razão, deve-se reconhecer que os titulares de determinadas situações processuais são as próprias partes, e não o juiz ou o Estado.[104]

Não cremos, contudo, que deva haver ruptura; e, se houver, radical ela não será pois, igualmente como já vimos, a natureza jurídica do processo, mesmo sob a égide deste CPC/2015, é ainda a mesma, a de instituição constitucional.

Mesmo que assim não for, ou seja, mesmo que o leitor se filie a uma das mais variadas outras correntes que explicam a natureza jurídica do processo, ainda assim não se poderá negar que, mesmo sob os auspícios do CPC/2015, o processo civil brasileiro é ainda construído sobre uma base, um núcleo duro eminentemente constitucional, o que deflui não apenas da natural hierarquia das leis, mas do próprio texto do CPC/2015 que, logo em seu artigo 1º., reforça o que aqui estamos a defender

> Art. 1º O processo civil será ordenado, disciplinado e interpretado conforme os valores e as normas fundamentais estabelecidos na Constituição da República Federativa do Brasil, observando-se as disposições deste Código.

É óbvio que, por meio do CPC/2015, haverá um muito mais profícuo campo de atuação para o autorregramento da vontade das partes (mercê de uma maior valoração e atuação da autonomia da vontade), de modo a permitir que as partes – as verdadeiras donas do direito em discussão – possam decidir, até o quanto for possível, os rumos pelos quais a discussão trilhará. Mas, respeitado o posicionamento contrário, essa mudança não é radical, já que, mesmo antes do CPC/2015, como também já vimos no presente tra-

---

[104] REDONDO, Bruno Garcia. "Negócios processuais: necessidade de rompimento radical com o sistema do CPC/1973 para a adequada compreensão da inovação do CPC/2015". In: ALMEIDA, Diogo Assumpção Rezende de; CABRAL, Antonio do Passo; NOGUEIRA, Pedro Henrique (Coord.). *Negócios processuais*. 1. ed. São Paulo: Juspodivm, 2015. p. 269-278.

balho, admitiam-se negócios jurídicos processuais típicos e mesmo atípicos, e já era, como sempre foi, respeitada a autonomia da vontade das partes.

Aqui, novamente fazemos referência à introdução ao presente trabalho: cremos que não estamos a cuidar, nesta nossa tese, de um instrumento completamente novo, já que a figura sempre esteve presente no processo civil pátrio.

A novidade, todavia, reside no campo de atuação e na forma de abordar essa figura, em razão da maior amplitude que se lhe deu o CPC/2015. Mas não é por dar-lhe uma maior amplitude que se transformou chumbo em ouro. Ademais, os negócios jurídicos processuais e o "princípio" do autorregramento da vontade deverão – como já admoestamos no presente trabalho – ser desenvolvidos e entendidos sob o olhar do modelo constitucional do processo, já que é o próprio CPC/2015 quem assim reafirma. Portanto, seja sob o CPC/1973 ou CPC/2015, a noção de que "o processo civil será ordenado, disciplinado e interpretado conforme os valores e as normas fundamentais estabelecidos na Constituição da República Federativa do Brasil" manteve-se íntegra e, portanto, não pode ser violada.

Em verdade, o que se percebe no CPC/2015 e nos modelos mundo afora que o inspiraram é uma paulatina superação do exacerbado publicismo, que orientava o processo de maneira absoluta e inafastável, por um modelo de maior ênfase privatista. Se há de fato ruptura, é aqui que ela reside.

Em sua obra monográfica sobre o tema, Antonio do Passo Cabral transita muito bem na análise da gradual compatibilização entre as noções publicistas e privatistas do direito, assim asseverando a esse respeito

> Pois bem, no quadro publicista, criou-se então uma cultura processual que via na lei a única fonte normativa do processo e no Estado-juiz a figura dominadora do procedimento. Toda tentativa de resgatar, em alguma medida, o papel das partes, admitindo os negócios jurídicos processuais, vem sendo tachada de "privatização do processo" (...) "retrocesso", rapidamente rotulada de "neoprivatismo" ou "neocontratualismo" (...). No entanto, mesmo entre os mais ferozes opositores dos acordos processuais, havia que se reconhecer a existência de várias fases do processo nas quais existem convenções válidas que impactam a tramitação do procedimento. Dentre esses acordos, estão a escolha do árbitro privado e as derrogações de competência no processo jurisdicional. Reconhecem-se também a renúncia, transação e outros atos de disposição de direito material e, em geral, pactos a respeito da forma dos atos do processo como as convenções para

adiamento de audiências, mudança de rito, suspensão de prazos, cauções, nomeação de curador, depositário etc. Admitem-se também acordo probatórios e na execução.[105]

Arremata o autor

> Vive-se então um certo desconforto dentre os autos de base publicista. Ao mesmo tempo em que se nega que o processo seja campo onde a pactuação dos particulares possa definir-lhe os contornos, de outro lado se admite, não sem algum constrangimento, a existência de inúmeras situações processuais disponíveis (...).[106]

Inúmeros seriam os argumentos publicistas tendentes a reduzir a aplicação da regra do artigo 190 do CPC/2015, mas cremos que nenhum deles convence, já que esse flerte com um maior privatismo, propiciado pelo CPC/2015, deverá sempre ser balizado pelo próprio artigo 1º., o qual reconhece, de maneira plena, que, mesmo tendo um caráter de maior privatismo, o CPC/2015 se submete expressamente a um modelo eminentemente constitucional, razão pela qual há clara compatibilidade entre essas noções, que não devem antagonizar-se, mas, sim, complementar-se.

3.2.2 Natureza jurídica e conceito

O negócio jurídico processual do artigo 190 do CPC/2015 nada mais é do que um ato jurídico, na modalidade negócio jurídico, com todas as características (elementos, condições e que tais) dos negócios jurídicos em geral, mas que tem por objeto a matéria limitada pelo referido dispositivo legal.

Como veremos quando da análise de seus elementos e condições, o negócio jurídico processual submete-se, na qualidade de ato jurídico que é, aos mesmos planos de existência, validade e eficácia aos quais são submetidos todos os demais negócios jurídicos. Submete-se, ainda, a determinadas condições específicas de validade decorrentes da própria letra do artigo 190 do CPC/2015.

Determinada norma jurídica pode trazer – em seu bojo e como decorrência de um fato previsto na referida norma – resultados e consequências igualmente específicos que modificarão o mundo jurídico.

---

[105] CABRAL, Antônio do Passo. *Convenções processuais. Entre publicismo e privatismo.* Tese (Livre-docência) – Faculdade de Direito da Universidade de São Paulo, 2015. No prelo. p.187-189.
[106] Idem. Ibidem.

Ademais, o fato previsto na norma como hipótese para a ocorrência dos resultados nela previstos não é um fato qualquer, mas um fato qualificado, especificado na letra da norma e, por ter a capacidade de alterar o mundo jurídico, é denominado fato jurídico. O que torna jurídico qualquer ordinário fato da vida cotidiana é a existência de uma norma jurídica que o tipifique como causa de determinados efeitos jurídicos.

Os fatos jurídicos são, portanto, aqueles que geram consequências jurídicas de acordo com determinada norma legal. Os atos jurídicos, por seu turno, são espécies de fatos jurídicos, decorrem necessariamente da ação dos sujeitos e, por serem espécie de fato jurídico, gerarão consequências jurídicas. Dentre as modalidades de fatos jurídicos, o negócio jurídico se destaca.

Das lições de Fábio Ulhoa Coelho, depreende-se que

> Fato jurídico, em suma, é o que gera consequências para o direito. Os fatos podem ser condutas humanas ou não. (...). Denomina-se *ato jurídico* a ação de sujeitos de direito que gera consequências estabelecidas em normas. O ato jurídico é, assim, espécie de fato jurídico. (...). Entre os atos jurídicos destacam-se os *negócios jurídicos*. São as ações *intencionais* dos sujeitos de direito.[107]

Segue o jurista esclarecendo que

> O que o negócio jurídico tem de específico em relação ao ato jurídico é a intencionalidade do sujeito. O negócio jurídico é ato jurídico em que o sujeito quer produzir a consequência prevista na norma. Em outros termos, o negócio jurídico é sempre voluntário, isto é, algo que o sujeito de direito faz por sua vontade. (...) Pois bem, se o efeito predisposto na norma jurídica é querido pelo sujeito, denomina-se negócio jurídico o ato.[108]

Das lições de Renan Lotufo, infere-se, de maneira diversa, que negócio jurídico é "o meio para realização da autonomia privada, ou seja, a *atividade* e *potestade* criadoras, modificadoras ou extintoras de relações jurídicas entre particulares"[109].

---

[107] COELHO, Fábio Ulhoa. *Curso de direito civil. Parte geral.* 7. ed. São Paulo: Saraiva, 2014. p. 303.
[108] Idem. Ibidem. p.307.
[109] LOTUFO, Renan. *Código Civil comentado*, vol. 1. São Paulo: Saraiva, 2003. p. 271.

Por seu turno, Orlando Gomes informa que negócios jurídicos constituem a mais abundante fonte das obrigações e que

> Na constituição das obrigações oriundas desses *negócios*, a capacidade do obrigado tem a marca de um traço distintivo da categoria, mas a singularidade propriamente dita dessa fonte de obrigações reside no caráter eminentemente voluntarista dos atos que compreende. A obrigação é querida pelo obrigado. Ele a contrai intencionalmente, agindo na esfera de sua *autonomia privada*. Ao provoca-la, escolhe livremente o tipo que a lei lhe oferece para obter a tutela do seu interesse.[110]

Ainda a esse respeito as lições de Miguel Reale, para quem negócio jurídico

> É aquela espécie de ato jurídico que, além de se originar de um ato de vontade, implica a *declaração expressa da vontade*, instauradora de uma relação entre dois ou mais sujeitos tendo em vista um objetivo protegido pelo ordenamento jurídico.[111]

Caio Mario da Silva Pereira arremata, ensinando que a noção básica de negócio jurídico

> (...) assenta na ideia de um pressuposto de fato, querido ou posto em jogo pela vontade, e reconhecido como base do efeito jurídico perseguido. Seu fundamento ético é a vontade humana, desde que atue na conformidade da ordem jurídica. Seu *habitat* é a ordem legal.[112]

Washington de Barros Monteiro, a seu modo, deixa claro, reforçando o caráter volitivo que é da essência de todo negócio jurídico, que

> A característica primordial do negócio jurídico é ser um ato de vontade. Precisamente nesse ponto se manifesta sua frontal oposição ao fato jurídico (*strictu sensu*), que é a resultante de forças naturais em geral; no negócio jurídico, a vontade das partes atua no sentido de obter o fim pretendido,

---

[110] GOMES, Orlando. *Obrigações*. 16. ed. Rio de Janeiro: Forense, 2006. p. 39.
[111] REALE, Miguel. *Lições preliminares de direito*. 8. ed. São Paulo: Saraiva, 1981. p. 207.
[112] PEREIRA, Caio Mário da Silva. *Instituições de direito civil*, vol. III. Rio de Janeiro: Forense, 2007. p. 7.

enquanto no ato jurídico lícito o efeito jurídico ocorre por determinação da lei, mesmo contra a vontade das partes.

A segunda característica do referido negócio é ser *lícito*, isto é, fundado em direito. Se se arreda da lei, ou a infringe, passa a ilícito.[113]

Assim sendo, a noção que se deve ter de negócio jurídico é, em sua qualidade específica de ato jurídico, a de maior expoente da autonomia da vontade. Esta, uma vez exercida, criará, modificará ou extinguirá as relações jurídicas entre os particulares, desde que atue na conformidade da ordem jurídica, seu *habitat*, conforme denotamos das lições acima.

Na estruturação de seu pensamento, em monografia específica sobre o tema, Pedro Henrique Pedrosa Nogueira considera a esse respeito que

> Contemporaneamente, o estudo dos fatos processuais tem sido retomado no Brasil. Dentre os autores que se preocuparam com a temática destacam-se Fredie Didier Jr., que propõe uma redefinição dessa categoria, e Paula Sarno Braga. Fredie Didier Jr. parte da distinção entre atos do processo e atos processuais. Os primeiros seriam aqueles que iriam compor a cadeia de atos do procedimento; os segundos não guardariam, necessariamente, uma relação de pertinência com o procedimento. Para ele, "o ato jurídico ganha o qualificativo de processual quando é tomado como *fattispecie* (suporte fático) de uma norma jurídica processual"127. Assim, qualquer ato humano que uma norma processual tenha como apto a produzir efeitos jurídicos em uma relação jurídica processual poderia ser enquadrado na categoria. Em sentido muito similar é a posição de Paula Sarno Braga. Segundo ela, o fato processual (em sentido amplo) seria assim considerado "o fato ou complexo de fatos que, juridicizado pela incidência de norma processual, é apto a produzir efeitos dentro do processo.[114]

E, ao justificar a classificação por ele adotada, esclarece o jurista que

> Ao definirmos o que entendemos por fato jurídico processual evitamos inserir na formulação do conceito a circunstância de serem os fatos pro-

---

[113] Monteiro, Washington de Barros; Pinto, Ana Cristina de Barros Monteiro França. *Curso de direito civil*, vol. 1. 44. ed. São Paulo: Saraiva, 2012. p. 228.

[114] Nogueira, Pedro Henrique Pedrosa. *Negócios jurídicos processuais: análise dos provimentos judiciais como atos negociais*. Tese (doutorado) – Faculdade de Direito da Universidade Federal da Bahia, 2015. p. 37 e segs.

cessuais produtores de eficácia jurídica processual. A omissão se deu, propositalmente, não por ignorarmos a existência desses efeitos,
> mas sim por uma questão de método, pois procuramos uma definição que evitasse a definição da causa (fato jurídico processual) em função da consequência (efeitos processuais).[115]

Para Pedro Henrique Pedrosa Nogueira, negócio jurídico processual é "o fato jurídico voluntário em cujo suporte fático esteja conferido ao respectivo sujeito o poder de escolher a categoria jurídica ou estabelecer, dentre dos limites fixados no próprio ordenamento jurídico, certas situações jurídicas processuais"[116], no que é seguido por Júlia Lipiani e Marília Siqueira[117] e também por Rodrigo Mazzei e Bárbara Seccato Ruis Chagas[118].

Bernardo Silva de Lima assim o conceitua

> Negócios jurídicos processual, portanto, será o ato jurídico que gera efeitos dentro do processo, que trata do direito processual nele discutido, efeitos esses predeterminados pelas partes.[119]

Negócio jurídico processual, no nosso sentir, é não apenas o quanto acima explicitado. É, na qualidade de ato processual, aquele ato pelo qual as partes de determinado processo em andamento ou de uma relação jurídica ainda não litigiosa, mas vislumbrando a possibilidade de uma futura demanda, desejam criar, modificar ou extinguir determinadas normas procedimentais, dentro dos limites permitidos para tanto. Tudo isso com o objetivo de adaptar o procedimento da lide e ajustá-lo às especificidades da causa, convencionando-se sobre os ônus, poderes, faculdades e deveres processuais, antes ou durante o processo, cuja validade estará sempre sujeita ao crivo do Judiciário, mercê do artigo 1º. c/c § único do artigo 190 do CPC/2015 e do modelo constitucional do processo.

---

[115] Idem. Ibidem. p. 54 e seguintes.
[116] Idem. Ibidem. p. 84.
[117] LIPIANI, Júlia; SIQUEIRA, Marília. "Negócios jurídicos processuais sobre a fase recursal". In: CABRAL, Antonio do Passo; NOGUEIRA, Pedro Henrique (Coord.). *Negócios processuais*. 1. ed. São Paulo: Juspodivm, 2015. p. 449.
[118] MAZZEI, Rodrigo; CHAGAS, Bárbara Seccato Ruis. "Breve diálogo entre os negócios jurídicos processuais e a arbitragem". *Revista de Processo*. v. 237/2014. Nov / 2014. p. 223-235.
[119] LIMA, Bernardo Silva de. "Sobre o negócio jurídico processual". In: DIDIER JR, Fredie; EHRHARDT JR, Marcos (Coord.). *Revisitando a teoria do fato jurídico. Homenagem a Marcos Bernardes de Mello*. São Paulo: Saraiva, 2010. p. 120.

Não obstante o quanto acima já expusemos, cremos ainda que outra característica deve ser agregada à natureza jurídica, ao conceito dos negócios jurídicos processuais do artigo 190 do CPC/2015 e à leitura que se deve dar ao próprio dispositivo de lei em questão. Isso porque, entendemos nós, a regra do artigo 190 é geral e deve ser observada em toda e qualquer hipótese de negócios jurídicos de índole processual, mesmo naqueles típicos, ou seja, naqueles previstos em lei e em outros dispositivos que não o artigo 190 do CPC/2015.

É que não podemos crer que os demais negócios jurídicos processuais possam fugir à regra geral do artigo 190 do CPC/2015, por tudo quanto já defendemos no presente trabalho, razão pela qual todos os demais negócios jurídicos processuais deverão seguir o regramento imposto pelo artigo 190.

Esclarecemos, portanto, que não se faz possível às partes celebrar qualquer negócio jurídico, processual ou não, que seja pautado pela abusividade ou pela vulnerabilidade de qualquer delas. Tampouco cremos que qualquer negócio jurídico esteja afastado da submissão do império estatal jurisdicional, de modo que, ao menos no nosso sentir, e com base em tudo que já trouxemos aqui à baila, esta também é a noção que se deve ter do conteúdo do artigo 190 do CPC/2015.

3.2.3 Modalidades

Quanto às respectivas modalidades, entendemos que o negócio jurídico processual do artigo 190 do CPC/2015 deva ser dividido em 4 (quatro) distintos grupos, os quais, devem levar em consideração a previsão legal de sua existência, a manifestação da vontade que o produz, o momento em que celebrados e seu objeto.

3.2.3.1 Quanto à previsão legal

Os negócios jurídicos processuais, quanto ao fundamento legal que lhes dá suporte, podem ser *típicos* ou *atípicos*. No primeiro caso, podem ser expressamente previstos em lei como aptos a propiciar que as partes alterem a marcha do processo por instrumentos ordem procedimental. Os negócios jurídicos processuais *atípicos* são aqueles cuja previsão legal não é específica, com hipóteses de cabimento resultantes da construção doutrinária e jurisprudencial.

São vários os negócios jurídicos processuais *típicos*, tipificados, previstos em lei no bojo do CPC/2015 com possibilidade de celebração entre as partes. Isso indica a maior ênfase à autonomia da vontade em sede processual, sendo uma das características mais marcantes do novo diploma.

Dentre os negócios jurídicos processuais *típicos* do CPC/2015, destacamos os seguintes: (i) foro de eleição (artigo 63); (ii) calendarização processual (artigo 191); (iii) prazos peremptórios (artigo 222, § 1º.); (iv) suspensão do andamento da lide (artigo 313, II); (v) audiência de saneamento em cooperação (artigo 357, § 3º.); (vi) adiamento da audiência (artigo 362, I); (vii) saneamento consensual (364, § 2º.) (viii) ônus probatório (artigo 373, §§ 3º. e 4º.); (xi) desistência de arguição de falsidade (artigo 392); (x) liquidação da sentença por arbitramento (artigo 509, I), etc.

Já os negócios jurídicos *atípicos*, ou seja, aqueles que não possuem hipótese em concreto expressamente prevista em lei, são os que têm, sua existência e seu amparo legal no artigo 190 do CPC/2015, verdadeira cláusula geral negocial de matérias atinentes ao procedimento, como já demonstramos no presente trabalho.

Trataremos mais adiante de algumas das hipóteses em concreto dos negócios atípicos, mas cremos que atípicos serão aqueles que, dentre outros que ainda analisaremos neste trabalho, cuidarão de matéria recursal, de possíveis limitações do objeto litigioso, ou, ainda, de questões relacionadas ao procedimento de expropriação em fase ou processo de execução.

3.2.3.2 Quanto à manifestação de vontade

Os negócios jurídicos em geral, quanto à manifestação da vontade, podem ser unilaterais e bilaterais. Das lições de Washington de Barros Monteiro, eles serão unilaterais "quando a declaração de vontade emana de uma só pessoa, ou mais de uma, poderá *na mesma direção* (renúncia, desistência ...)".[120]

Esclarece ainda o clássico civilista que os negócios jurídicos unilaterais

> Subdividem-se em *recepticios* e *não recepticios*. Nos primeiros, as consequências do ato só se verificam após o recebimento da declaração pelo respectivo destinatário (por exemplo, a concentração nas obrigações genéricas e nas obrigações alternativas). Nos segundos, sua eficácia não depende do endereço a determinado destinatário (por exemplo, a renúncia à herança).[121]

---

[120] MONTEIRO, Washington de Barros; PINTO, Ana Cristina de Barros Monteiro França. *Curso de direito civil*, vol. 1. 44. ed. São Paulo: Saraiva, 2012. p. 234.
121 Idem. Ibidem.

A respeito dos negócios jurídicos, agora os processuais, unilaterais, são as lições de Marcela Kohbalch de Faria, para quem

> Pedro Henrique Nogueira Pedrosa aponta como negócio jurídico processual unilateral a escolha do procedimento feita pelo autor ao ajuizar a demanda, na hipótese em que o demandante está autorizado pelo sistema a optar por um dentre dois ou mais procedimentos admissíveis para a tutela do direito afirmado. Por sua vez, Paula Sarna Braga destaca os seguintes negócios jurídicos processuais unilaterais: desistência da ação, reconhecimento de procedência do pedido, renúncia ao direito discutido. Tendo em vista a dispensa de manifestação de vontade da parte contrária para que o negócio jurídico processual unilateral produza efeitos, esses normalmente são típicos ... [e] seus efeitos são vinculados. (...). Todavia, a tipicidade dos atos jurídicos e a vinculação dos seus efeitos pela lei não os desqualifica como negócios jurídico processuais.[122]

E ressalta ainda a jurista, com o que concordamos, que se insere na modalidade de negócios jurídicos processuais unilaterais o parcelamento da dívida em sede de execução, nos termos do artigo 916 do CPC/2015 (que se aplica também às ações monitórias, nos termos do § 5º., do artigo 701 do CPC/2015).

Por outro lado, os negócios jurídicos processuais bilaterais, sem grandes polêmicas, são aqueles que surgem da manifestação de vontade de ambas as partes que serão afetadas pela consecução de seus objetivos.

3.2.3.3 Quanto ao momento (necessária a presença de advogado?)

A celebração dos negócios jurídicos processuais pode dar-se tanto antes quanto na constância de uma ação em andamento, razão pela qual entendemos que eles, quanto ao momento em que celebrados, podem ser *antecedentes* ou *contemporâneos* à existência da lide entre as partes.

Aqueles realizados contemporaneamente à existência da lide sempre o serão por meio de partes devidamente representadas por advogados constituídos para representá-las nos autos da ação em andamento e, desde seu

---

[122] FARIA, Marcela Kohbalch de. "Negócios jurídicos processuais unilaterais e o requerimento de parcelamento do débito pelo executado". In: CABRAL, Antonio do Passo; NOGUEIRA, Pedro Henrique (Coord.). *Negócios processuais*. 1. ed. São Paulo: Juspodivm, 2015. p. 281-296.

nascedouro, sujeitar-se-ão ao crivo do Judiciário: isto é, nascerão e, ato contínuo, passarão pelo olhar da convalidação judicial.

Contudo, aqueles outros negócios jurídicos processuais celebrados anteriormente à existência da lide não necessariamente o serão por meio de partes representadas por advogados, sendo que a convalidação judicial somente ocorrerá se e quando houver a lide.

Aqui surge um questionamento que temos de enfrentar e responder: os negócios jurídicos processuais celebrados anteriormente à existência da demanda exigiriam a participação de advogado como condição de validade? Estaríamos aqui, então, diante de mais uma condição específica de validade atrelada aos negócios jurídicos processuais quando celebrados antes de uma ação judicial em concreto?

A esse respeito nos apoiamos nas lições de Flavio Luiz Yarshell, segundo quem

> A validade do negócio processual não está condicionada à presença de advogado – embora evidentemente ela seja desejável por se tratar de matéria técnica, que presumivelmente escapa ao conhecimento do leigo. Assim ocorre porque, como não se trata da prática do ato processual, não vigora a exigência de capacidade postulatória. (...). O fato de o negócio ter por objeto atos que integram o procedimento e posições jurídicas que compõem a relação processual não é suficiente para tornar obrigatória a presença do advogado no ato da celebração do negócio. (...). Ainda quanto ao advogado, eventuais disposições no negócio processual sobre a destinação dos honorários fixados em juízo e, portanto, cabentes aos advogados (Lei 8906/94), são ineficazes e inoponíveis perante os causídicos, salvo se eles expressamente tiverem comparecido ao ato e anuído.[123]

Mesmo antes do CPC/2015, não se fazia necessária a presença do advogado para reputarem-se válidos os negócios jurídicos processuais, não se cogitando essa hipotética condição de validade na contratação de cláusula de eleição de foro, na avaliação prévia de bens dados em garantia, razão pela qual, mormente em sede do novo código e do ideário que o permeia, não há que se falar nessa exigência, desde que respeitados os limites que

---

[123] YARSHELL, Flávio Luiz. "Convenção das partes em matéria processual: rumo a uma nova era?". In: CABRAL, Antonio do Passo; NOGUEIRA, Pedro Henrique (Coord.). *Negócios processuais*. 1. ed. São Paulo: Juspodivm, 2015. p. 63-79.

propomos no presente trabalho, lembrando-se sempre, ademais, que os negócios deverão submeter-se a convalidação judicial.

E o Tribunal de Justiça do Estado de São Paulo vai exatamente nesse mesmo sentido, confirmando tudo o quanto aqui estamos a defender

> Outrossim, a hipótese foi de acordo extrajudicial envolvendo direito privado, de natureza patrimonial e disponível a critério dos interessados pondo fim a litígio mediante concessões mútuas, transação formalizada nos moldes do art. 840 do Código Civil, submetido à ratificação do juízo competente por força da previsão do art. 57, da Lei 9.099/95 para a obtenção de eficácia de título executivo judicial a que se referiu o art. 475-N, V, do Código de Processo Civil revogado, vigente à época, daí a legitimidade da decisão homologatória, esterilizando os argumentos articulados.
>
> Nada obstante, o negócio jurídico processual prescindiu da atuação de procurador constituído, bastando a subscrição do instrumento pelos próprios figurantes na medida em que o ato consistiu em declaração unilateral de vontade, produzindo efeitos imediatos a sua constituição nos termos do art. 200 do Código de Processo Civil.[124]

3.2.3.4 Quanto ao objeto

Por fim, a última modalidade dos negócios jurídicos processuais que logramos identificar diz respeito a seu objeto. Desse modo, ressaltamos que, nos termos do artigo 190 do CPC/2015, poderão os negócios jurídicos processuais ter por objeto ônus, poderes, faculdades, ou deveres das partes. Cremos a esse respeito e conforme as lições de Remo Caponi – que por seu turno se escora em Gerhard Wagner – que existam "duas categorias de negócios jurídicos processuais: (a) os que afastam ou eliminam poderes ou direitos processuais (ex.: *pactum de non petendo, pactum de non exequendo*, desistência da ação, renúncia ao recurso etc.) e (b) os que derrogam normas processuais (ex.: derrogação de competência relativa, pactos relativos ao ônus da prova)".[125]

---

[124] TJSP – 2229990-62.2016.8.26.0000 – Agravo de Instrumento – Rel. Des. César Peixoto – 38ª Câmara de Direito Privado – Data do julgamento: 10/02/2017 – Data de publicação: 10/02/2017.

[125] cf. CUNHA, Leonardo Carneiro da. "Comentários ao Artigo 190". In: CABRAL, Antonio do Passo; CRAMER, Ronaldo (Coord.). *Comentários ao Novo Código de Processo Civil*. 1. ed. Rio de Janeiro: GEN-Forense, 2015. p. 321-329.

Se constituem ônus, poderes, faculdades ou deveres das partes, melhor dizendo, na hipótese de os negócios jurídicos processuais serem celebrados com fundamento no artigo 190 do CPC/2015, eles, no nosso sentir, serão enquadrados na modalidade dos negócios processuais que têm por objeto afastar ou eliminar poderes ou direitos (ônus, poderes, faculdades e deveres das partes).

De modo diverso, parece-nos que a modalidade dos negócios tendentes a derrogar normais processuais – pelo imperativo do nosso sistema ainda publicista e orientado pelo modelo constitucional – é aquela mais afeiçoada aos negócios processuais típicos, ou seja, àqueles expressamente previstos e autorizados por lei, tais como, entre outros: calendarização processual (artigo 191); prazos peremptórios (artigo 222, § 1º.); suspensão do andamento da lide (artigo 313, II); audiência de saneamento em cooperação (artigo 357, § 3º.); adiamento da audiência (artigo 362, I); e calendarização (artigo 191).

Não queremos dizer, com isso, que inexistirão negócios processuais típicos que cuidem da matéria elencada no artigo 190, já que a convenção processual sobre ônus probatório é, como vimos, tipificada pelo artigo 373, §§ 3º. e 4º. do CPC/2015, nem que a derrogação de norma processual somente ocorrerá por meio dos negócios típicos. Apenas queremos enfatizar que a derrogação muito mais se afeiçoa à tipicidade por tudo quanto aqui neste trabalho já logramos desenvolver.

4. Elementos e condições do negócio jurídico processual

4.1. Considerações iniciais

Estabelece o artigo 190 do CPC/2015, como já vimos, que

> Art. 190. Versando o processo sobre direitos que admitam autocomposição, é lícito às partes plenamente capazes estipular mudanças no procedimento para ajustá-lo às especificidades da causa e convencionar sobre os seus ônus, poderes, faculdades e deveres processuais, antes ou durante o processo.
> Parágrafo único. De ofício ou a requerimento, o juiz controlará a validade das convenções previstas neste artigo, recusando-lhes aplicação somente nos casos de nulidade ou de inserção abusiva em contrato de adesão ou em que alguma parte se encontre em manifesta situação de vulnerabilidade.

Em verdade, o legislador de 2015 criou por meio do mencionado dispositivo legal, no nosso entendimento, uma cláusula geral para a contratação de atípicos negócios jurídicos de índole processual. Em outras palavras, por força do mencionado dispositivo de lei, não mais estão as partes limitadas àquelas hipóteses expressamente tipificadas em lei para contratar mudanças no procedimento.

Cremos que não se pode confundir essa regra do artigo 190 com aquela do artigo 158 do CPC/1973, que assim dispõe

> Art. 158. Os atos das partes, consistentes em declarações unilaterais ou bilaterais de vontade, produzem imediatamente a constituição, a modificação ou a extinção de direitos processuais.

Parágrafo único. A desistência da ação só produzirá efeito depois de homologada por sentença.

É claro que o artigo 158 do CPC/1973 traz em seu cerne um embrião do que poderia ser compreendido como o atual negócio jurídico processual, mas não nos parece que os dispositivos legais em questão tratem, de fato, da mesma matéria, redundando, portanto, em clara novidade legislativa e conceitual o que se contém no artigo 190 do CPC/2015.

Para Pontes de Miranda, acerca do artigo 158 do CPC/1973, que infelizmente não tratou de tecer considerações sobre a eventual possibilidade de as partes celebrarem acordos de vontade de índole processual com base no dito dispositivo de lei,

> Os atos das partes, consistentes em declarações unilaterais ou bilaterais de vontade produzem imediatamente a constituição, a modificação e a extinção dos direitos processuais. Não se falou de homologação. A diferença entre o art. 158 do Código de 1973 e o art. 16 do Código de 1939 é profunda, razão para que não se atenda a jurisprudência anterior a respeito dos atos das partes, consistentes em declarações de vontade, unilaterais ou bilaterais, ocorridas a partir de 1º. de janeiro de 1974. Todos independem de homologação, pois o art. 158, parágrafo único, só se reporta à desistência da ação.[126]

Superado esse ponto, a questão que surge já de plano diz respeito à constitucionalidade do artigo 190 do CPC/2015, ou seja, à adequação da regra dele extraída ao modelo constitucional do processo e à natureza de instituição constitucional que, entendemos, deva ser a ele atribuída. Já adiantamos que nossa resposta a esse questionamento é positiva, no sentido de que a regra do artigo 190 do CPC/2015 é constitucional e deverá, portanto, ser recepcionada como tal.

Trataremos dessa questão com mais vagar mais adiante e, antes de defender o entendimento por nós aqui ventilado, cremos ser de todo relevante inicialmente perscrutar acerca das características comuns a todo e qualquer negócio jurídico e, partindo daí, dissecar essa figura, que causará sérios e efetivos impactos no processo civil pátrio.

---

[126] PONTES DE MIRANDA, Francisco Cavalcanti. *Comentários ao Código de Processo Civil. Tomo III: arts. 154-281*. Rio de Janeiro: Forense, 1973. p. 73.

4.2. Existência, validade e eficácia do negócio processual

4.2.1 Noções gerais

A intenção de produzir determinados efeitos jurídicos contemplados por certa norma não é uma decorrência autônoma e exclusiva da vontade das partes. Isto é: não basta que os interessados almejem certo efeito, para que ele seja juridicamente reproduzido, ou, em outras palavras, apenas e tão somente a vontade das partes e a intenção de produzir determinado efeito jurídico previsto em norma não são suficientes para que se esteja diante de um negócio jurídico, já que

> (...) a grande maioria dos autores aceita a teoria objetiva de Bülow, segundo a qual o negócio jurídico funda-se na "autonomia privada", ou seja, no poder de autorregulação dos interesses que contém a enunciação de um preceito, independentemente do querer interno (...). Logo, para esta concepção não basta a mera manifestação da vontade para a aquisição de um direito (...). É necessário que tal efeito, visado pelo interessado, esteja conforme a ordem jurídica, isto é assim porque a própria ordem jurídico-positiva permite a cada pessoa a prática de negócio jurídico, provocando seus efeitos. Este é o âmbito da "autonomia privada", de forma que os sujeitos de direito podem autorregular, nos limites legais, seus interesses particulares.[127]

Assim sendo, em razão de sua submissão à ordem pública, o negócio jurídico – para obter o resultado que dele se espera e para produzir válidos efeitos jurídicos – deverá, como já vimos, enquadrar-se na ordem jurídica posta. Portanto, para que haja negócio jurídico, deverão fazer-se concomitantemente presentes todos os elementos que o integram. Se não for identificada a presença desses elementos, não se estará diante de negócio jurídico.

E, cremos nós, o mesmo raciocínio deve ser aplicado aos negócios jurídicos processuais, sob pena de desvirtuar-se a própria percepção do que vem a ser negócio jurídico.

Feita essa breve introdução, o que grande relevância tem para nosso trabalho é a noção de existência, validade e eficácia dos negócios jurídicos. Isso porque o tema que propusemos perscrutar por meio do presente tra-

---

[127] DINIZ, Maria Helena. *Curso de direito civil brasileiro. Teoria geral do direito civil*, vol. 1. 32. ed. São Paulo: Saraiva, 2015. p.303.

balho gravita exatamente por estas questões: o negócio jurídico processual, na forma como previsto no artigo 190 se adéqua a esses planos? Melhor explicando, o negócio jurídico processual do mencionado artigo 190 se adéqua à noção de processo tal como lapidamos neste trabalho e, se a resposta for positiva, quais os limites para sua validade e eficácia?

Passemos então a analisar o negócio jurídico processual do artigo 190 do CPC/2015, tomando-se emprestado, para tanto, a noção dos 3 (três) planos perante os quais os negócios jurídicos como um todo obrigatoriamente devem ser interpretados: existência, validade e eficácia.

Esse também é o entendimento de Flávio Luiz Yarshell, para quem

> Conceitualmente, portanto, é possível admitir os negócios jurídicos processuais. Problema diverso consiste em saber se e quando eles existem, são validos e eficazes. (...). Em termos pragmáticos, parece possível passar ao largo de tais polêmicas (conquanto relevantes), bastando que o exame das convenções das partes em matéria processual civil seja feito sob a metodologia empregada para a análise do negócio jurídico, tomando-se os planos da existência, validade e eficácia.[128]

4.2.2 O plano da existência

Para que se diga que alguma coisa efetivamente existe, que é concreta e palpável, necessário se faz identificar quais são os elementos que a compõem, o que aprendemos nos bancos escolares quando tomamos conhecimento básico da química orgânica. A identificação e mesmo a distinção dos mais diversos materiais passa, antes de mais nada, pela identificação de seus peculiares elementos; e, na química orgânica, os elementos que compõem todo e qualquer objeto são aqueles apontados pela tabela periódica.

Em Direito, no que toca aos negócios jurídicos, igualmente para dizer que eles existem – o que não necessariamente implica dizer que terão validade e eficácia, porque "o ato pode existir, possuir um aspecto externo de verdadeiro negócio jurídico, mas não ter validade por lhe faltar, por exemplo, capacidade de agente. Por outro lado, o negócio pode existir, ser válido, mas ser ineficaz quando sobre ele, por exemplo, pender condição

---

[128] YARSHELL, Flávio Luiz. "Convenção das partes em matéria processual: rumo a uma nova era?". In: CABRAL, Antonio do Passo; NOGUEIRA, Pedro Henrique (Coord.). *Negócios processuais*. 1. ed. São Paulo: Juspodivm, 2015. p. 63-79.

suspensiva"[129] –, deverá o intérprete voltar-se aos elementos que compõem a "fórmula orgânica" do negócio jurídico em estudo.

Quanto à existência, informa Carlos Roberto Gonçalves que o "plano da existência é dos *elementos*, posto que elemento é tudo o que integra a essência de alguma coisa", com o que concordamos, conforme anteriormente já expusemos.[130]

Contudo, infelizmente até hoje há, na doutrina, ainda muita confusão a esse respeito. Não são poucos os autores que, ao tratar dos elementos, especialmente daqueles essenciais sem os quais a coisa não existiria no mundo, fazem-no em conjunto com requisitos de validade. Isso em nada ajuda o intérprete e faz que, por vezes, existência e validade sejam tratadas como sinônimos que não são.

Para verificar se um negócio jurídico efetivamente existe como tal, é necessário faz identificar seus elementos. E quais são esses elementos que compõem o negócio jurídico? A esse respeito, remetemo-nos às lições de Silvio de Salvo Venosa, que nos informa, com base na clássica concepção do Direito Romano, que a confusão quanto à nomenclatura e classificação dos elementos é ainda hoje presente

> No exame da estrutura do negócio jurídico, a doutrina está longe de atingir unanimidade de critérios. Assim, cada autor apresenta estrutura própria no exame do negócio jurídico. (...). No sistema tradicional de classificação, parte-se da noção inicial de elemento para qualificar o negócio jurídico. Distinguem-se aí os elementos *essenciais* (genéricos e específicos), *naturais* e *acidentais*. (...). Sob esse aspecto, são elementos essenciais do negócio jurídico o *agente capaz*, o *objeto lícito* e a *forma*, estampados no art. 104 do Código Civil como requisitos de validade. (...). Os *elementos naturais* são as consequências que decorrem do próprio ato, sem necessidade de expressa menção (Monteiro, 1977, v.1: 176). Na (...) compra e venda, serão elementos naturais a garantia que presta o vendedor pelos vícios redibitórios (art. 441) e pelos riscos de evicção (arts. 447 e 448). Os e*lementos acidentais* dos negócios jurídicos são aqueles que acrescentam ao ato para modificar alguma de suas características naturais. Os mais estudados, porque presentes no Código Civil são a condição, o termo e o encargo (modo ou ônus).[131]

---

[129] GONÇALVES, Carlos Roberto. *Direito civil brasileiro: parte geral*, vol. 1. 5. ed. São Paulo: Saraiva, 2007. p. 308.
[130] Idem. Ibidem.
[131] VENOSA, Silvio de Salvo. *Direito civil. Parte geral*, vol. I e II. 15. ed. São Paulo: Atlas, 2015. p. 385-386.

Note-se que o jurista, ao tratar dos elementos essenciais do negócio jurídico, faz referência ao artigo 104 do CC, o qual, por seu turno, trata expressamente não propriamente da existência, mas, sim, da validade do negócio jurídico.

Respeitado o posicionamento contrário – que não é isolado e tem nele representantes de escol –, optamos por identificar e separar claramente aquilo que é elemento de existência e requisito de validade. Adotamos essa posição, especialmente para facilitar não apenas o trabalho do intérprete, mas também o nosso, tendo em vista, sobretudo, que estamos a caminhar por área que não nos é de todo familiar – a do direito material.

De qualquer modo, temos para nós que, na linha do clássico Direito Romano, elementos essenciais do negócio jurídico (*essentialia negotii*) são a *coisa*, o *preço* (que não necessariamente é expresso em moeda, mas representa, em geral, a ideia de que as partes estão trocando posições, melhor dizendo, há que existir concessões entre as partes, plurilaterais ou não) e o *consentimento*.

Os elementos essenciais, portanto, são aqueles relacionados "à estrutura do negócio, que lhe formam a substância e sem os quais o ato negocial não existe. Numa compra e venda, por exemplo, os elementos são a coisa, o preço e o consentimento (*res, pretium* e *consensus*). Faltando um deles, o negócio jurídico não existe"[132].

Fábio Ulhoa Coelho, por seu turno, a esse respeito ensina que

> O negócio jurídico existe se preenchidos *dois* pressupostos: a conjugação dos seus elementos essenciais (sujeito de direito, declaração de vontade com intenção de produzir certos efeitos e objeto fisicamente possível de existir) e a juridicidade (descrição pela lei como fato jurídico). Uma vez existente, será válido, se atendidos os requisitos de validade (agente capaz, objeto lícito e determinável, forma legal) (...).[133]

Informa Carlos Roberto Gonçalves sobre o mesmo tema que "o plano da existência é dos *elementos*, posto que elemento é tudo o que integra a essência de alguma coisa. (...) O plano da validade é dos *requisitos* do negócio jurídico, porque estes são condição necessária para o alcance de certo fim.

---

[132] MONTEIRO, Washington de Barros; PINTO, Ana Cristina de Barros Monteiro França. *Curso de direito civil*, vol. 1. 44. ed. São Paulo: Saraiva, 2012. p. 229.

[133] VENOSA, Silvio de Salvo. *Direito civil. Parte geral*, vol. I e II. 15. ed. São Paulo: Atlas, 2015. p. 385-386.

Pode, também, o negócio jurídico existir, ser válido, mas não ter eficácia, por não ter ocorrido ainda, por exemplo, o implement de uma condição imposta".[134]

Segue o jurista esclarecendo que os requisitos de existência do negócio jurídico "são seus elementos estruturais, sendo que não há uma uniformidade, entre os autores, sobre a sua enumeração. Preferimos dizer que são os seguintes: a *declaração de vontade*, a *finalidade negocial* [finalidade jurídica] e a *idoneidade do objeto*. Faltando qualquer deles, o negócio inexiste".[135]

Para nós, então, em se tratando de negócios jurídicos processuais conforme previstos no artigo 190 do CPC/2015, a análise do plano da existência deve, igualmente, passar pelos próprios elementos essenciais, sem os quais o negócio jurídico de índole processual não existe.

Especificamente quanto aos elementos inerentes à existência do negócio jurídico processual são os ensinamentos de Roberto Campos Gouveia Filho e Jaldemiro Rodrigues de Ataíde Teixeira Jr., para quem

> Com base nessas premissas, pode-se afirmar que o negócio jurídico tem como elemento nuclear, logo, como pressuposto de existência (plano da existência), a manifestação ou declaração consciente de vontade, de uma ou de ambas as partes, visando o ao autorregramento de uma situação jurídica simples ou da eficácia de uma relação jurídica. E tem, ainda, como elementos completantes (i) a existência de um poder de determinação e regramento da categoria jurídica (no processo civil, tem-se a cláusula geral negocial do art. 190, CPC/2015); e, (ii) no caso dos negócios jurídicos processuais (campo-dependente, pois), a existência de um processo a que se refira, ainda quando sua ocorrência seja exterior, isto é, fora da "sede" processual.[136]

Mas não podemos olvidar a esse respeito a teoria Pontiana dos planos de validade, existência e eficácia, recordando sempre que

> Nesse plano surgem apenas *substantivos*, sem qualquer qualificação, ou seja, *substantivos sem adjetivos*. Esses substantivos são a) *partes (ou agentes)*; b) *von-*

---

[134] GONÇALVES, Carlos Roberto. *Direito civil brasileiro: parte geral*, vol. 1. 5. ed. São Paulo: Saraiva, 2007. p.308.
[135] Idem. Ibidem. p. 310.
[136] GOUVEIA FILHO, Roberto Campos; TEIXEIRA JR, Jaldemiro Rodrigues de Ataíde. "Comentários ao artigo 190". In: CÂMARA, Helder Moroni (Coord.). *Comentários ao novo* Código de Processo Civil. 1. ed. São Paulo: Almedina, 2016. No prelo.

tade; c) *objeto* e d) *forma*. Não havendo algum desses elementos, o negócio jurídico é inexistente (*um nada para o direito*), conforme defendem aqueles que seguem à risca a teoria de Pontes de Miranda.[137]

Desse modo, cremos que a existência do negócio jurídico processual dependa da presença dos seguintes elementos, verdadeiros substantivos sem qualquer qualificação, sendo certo que a qualificação será verificável em outros campos, como o da validade e da efetividade: (i) agente; (ii) manifestação da vontade; e (iii) objeto (que aqui queremos entender como o objeto fisicamente plausível, palpável, que exista em concreto, e aqui não tratamos de sua juridicidade, que é noção subjetiva e, portanto, verificável nos demais planos).

Ressaltamos aqui, mais uma vez, que a qualificação desses elementos – ou seja, se o agente é ou não capaz, se a manifestação da vontade é livre e regular, bem como se o objeto, em que pese faticamente possível, é também juridicamente plausível – diz respeito ao plano da validade ou eficácia e lá será analisada.

A existência, portanto, do negócio jurídico processual, uma vez verificada a presença de seus elementos essenciais, é de caráter meramente formal. Ele existe. Mas não basta existir para implicar efeitos no mundo jurídico, razão pela qual todos esses questionamentos e qualificadoras devem ser discutidos no plano da validade, que veremos a seguir.

Apenas reafirmamos que não consideramos a forma como um elemento do negócio jurídico processual, tendo em vista que o artigo 190 do CPC/2015 não estabelece uma forma específica. Ela é, portanto, livre, razão pela qual – para a modalidade de negócio jurídico que estamos a analisar –, inexistindo forma prevista em lei, não há que se falar na presença desse elemento para que o negócio exista.

4.2.3 O Plano da validade

Uma vez existente o negócio jurídico processual, os olhos do intérprete deverão voltar-se para as condições de sua validade; e, para tanto, deve atentar-se para o artigo 104 do Código Civil de 2002 (CC), que assim estabelece

Art. 104. A validade do negócio jurídico requer:

---

[137] TARTUCE, Flávio. *O novo CPC e o direito civil. Impactos, diálogos e interação*. São Paulo: GEN Método, 2015. p. 96.

I – agente capaz;
II – objeto lícito, possível, determinado ou determinável;
III – forma prescrita ou não defesa em lei.

Mas não apenas para o artigo 104 do CC deverá o intérprete atentar, porque o artigo 190 do CPC/2015 traz também em seu bojo determinadas condições inerentes à própria validade

> Art. 190. Versando o processo sobre direitos que admitam autocomposição, é lícito às partes plenamente capazes estipular mudanças no procedimento para ajustá-lo às especificidades da causa e convencionar sobre os seus ônus, poderes, faculdades e deveres processuais, antes ou durante o processo.
> Parágrafo único. De ofício ou a requerimento, o juiz controlará a validade das convenções previstas neste artigo, recusando-lhes aplicação somente nos casos de nulidade ou de inserção abusiva em contrato de adesão ou em que alguma parte se encontre em manifesta situação de vulnerabilidade.

A esse respeito, Roberto Senise Lisboa vaticina que

> Somente se pode falar em eventual invalidade do ato ou do negócio jurídico se houve o reconhecimento antecedente de que o ato ou negócio existe para o direito. De igual modo, apenas se pode admitir a discussão sobre a eficácia quando a questão da invalidade foi superada, tendo-se entendido que o ato ou o negócio seria válido. [138]

De início, então, notamos que, para a análise do plano de validade dos negócios jurídicos processuais, o ordenamento pátrio estabelece duas modalidades de condições: as gerais e as específicas.

As condições gerais de validade dos negócios jurídicos processuais são aquelas verificáveis em relação a todo e qualquer negócio jurídico, tal como estatuído pelo artigo 104 do CC. Já as condições de validade específicas são aquelas que dizem respeito especificadamente a essa modalidade *sui generis* de negócio jurídico, conforme faz menção o artigo 190 do CPC/2015.

Dessa forma temos como *condições gerais de validade* (i) o agente capaz (artigo 104, I, do CC); (ii) o objeto lícito, que deve ser determinado ou determinável (artigo 104, II, do CC); (iii) a forma prescrita e não defesa em lei (artigo 104, III, do CC). Mesmo não previstas no dito artigo 104, temos

---

[138] LISBOA, Roberto Senise. *Manual de direito civil*, vol. 1. 5. ed. São Paulo: Saraiva, 2009. p. 359.

a (iv) consensualidade e a (v) causa, que igualmente compõem este rol de condições (ou seja, do plano de validade Pontiano apenas adicionamos a causa como condição de validade).

Por seu turno, como condições específicas de validade temos, em verdade, 2 (duas) modalidades de condições que se subdividem. Existem, então, as (i) *condições específicas objetivas*, que dizem respeito ao seu objeto e modo pelo qual será processado o controle sobre esse objeto (o imperioso controle jurisdicional pelo qual o negócio jurídico processual deve se submeter), e as (ii) *condições específicas subjetivas*, que dizem respeito aos sujeitos, à condição e posição que estes ocupam.

Assim sendo, para que seja considerado como válido, o negócio jurídico processual quanto a seu objeto, cumulativamente, deverá, para ser considerado como lícito, atender às *condições específicas objetivas de validade* e, portanto, deverá limitar-se a (i) direitos que admitam autocomposição; (ii) questões que digam respeito ao procedimento e às especificidades da causa e (iii) temas circunscritos aos ônus, poderes, faculdades e deveres processuais das partes. E, ainda objetivamente falando, para ser considerado como válido deverá ser (iv) chancelado pelo Poder Judiciário na forma prescrita pelo parágrafo único, do artigo 190 do CPC/2015.

Todavia, cremos nós, não apenas estas são as condições especificas de validade decorrentes da letra do artigo 190 do CPC/2015. É que, nos termos do respectivo parágrafo único, não serão válidos os negócios jurídicos processuais inseridos abusivamente em contrato de adesão ou em contrato no qual alguma das partes se encontre em manifesta situação de vulnerabilidade.

Desse modo, entendemos que há também uma *condição subjetiva de validade*, e subjetiva pois diz respeito aos sujeitos do processo, partes, portanto, do negócio jurídico processual, condição de validade esta que nos parece ser uma condição negativa, que é a ausência de abusividade/vulnerabilidade. Não se pode fazer presente a abusividade/vulnerabilidade em qualquer hipótese de negócio jurídico processual, sob pena de invalidade.

Trataremos mais adiante das condições gerais e específicas de validade do negócio jurídico processual, mas, antes de discorrermos, mesmo que de maneira sucinta acerca das tais condições, cremos ser inafastável analisar, por primeiro, uma questão de suma importância para compreender os negócios jurídicos processuais tais como postos pelo artigo 190 do CPC/2015: a recepção dessa figura pela CF, ou seja, a constitucionalidade do dispositivo legal em questão como condição primeira de sua validade no mundo jurídico.

4.2.3.1 A constitucionalidade do artigo 190 do CPC/2015 e o princípio (?) do autorregramento da vontade

Vimos acima que, entre condições gerais e específicas de validade dos negócios jurídicos processuais, a noção de "objeto" se faz presente em ambos os planos: no artigo 104 do CC e no artigo 190 do CPC/2015. Portanto, no nosso sentir, se fosse possível identificar entre as condições de validade uma que tivesse maior relevo, certamente a noção de objeto se enquadraria nessa categoria. Contudo, cremos não se poder falar na existência de um grau de maior ou menor importância entre as condições de validade, eis que, se estiver ausente qualquer uma delas, o negócio jurídico processual indistintamente será considerado como existente, mas poderá ser considerado inválido.

E, também no nosso sentir, é no plano da validade, especificamente relacionado ao objeto, que se deve tratar da constitucionalidade do artigo 190 do CPC/2015. Isso porque, se fosse possível defender sua inconstitucionalidade, o defeito estaria, para nós, intimamente conectado com o objeto do que se propõe negociar privadamente na forma de negócio jurídico processual.

Mas não é só quanto ao objeto que se direciona a questão da recepção pela CF dos negócios jurídicos processuais, tais como propostos pelo artigo 190 do CPC/2015.

Por primeiro, ressaltamos que o artigo 24, inciso XI da CF estabelece que tão somente à União, aos Estados e ao Distrito Federal compete legislar sobre procedimentos em matéria processual

> Art. 24. Compete à União, aos Estados e ao Distrito Federal legislar concorrentemente sobre:
> (...)
> XI – procedimentos em matéria processual;

Ademais, o artigo 5º., inciso XXXV da CF estabelece que a jurisdição é monopólio estatal, já que não pode a lei afastar do Judiciário o conhecimento de questões relacionadas a lesão ou ameaça a direitos

> Art. 5º Todos são iguais perante a lei, sem distinção de qualquer natureza, garantindo-se aos brasileiros e aos estrangeiros residentes no País a inviolabilidade do direito à vida, à liberdade, à igualdade, à segurança e à propriedade, nos termos seguintes:
> (...)
> XXXV – a lei não excluirá da apreciação do Poder Judiciário lesão ou ameaça a direito;

Percebe-se, então, que, da análise dos dispositivos legais em questão, poder-se-ia chegar à conclusão de que os negócios jurídicos processuais do artigo 190 do CPC/2015 estariam fadados ao insucesso jurídico.

Isso porque, de um lado, permitir que as partes contratem alterações no procedimento por meio de negócios jurídicos é o mesmo que autorizá-las a estabelecer, de certo modo, leis de caráter procedimental processual, já que o negócio jurídico, como cediço, faz lei entre as partes e, se tem por objeto matéria procedimental processual, faz lei procedimental de maneira distinta e contrária ao que o artigo 24, XI da CF preconiza.

De outro lado, caso se permita que as partes autorregrem determinados aspectos do procedimento – admitindo-se renúncias a direitos de ordem procedimental, assunção de ônus distintos daqueles que seriam naturalmente esperados e, ainda, imputando-se distintos e mais severos deveres ou mais lenientes faculdades –, não se estaria, por meio dos negócios jurídicos processuais do artigo 190 do CPC/2015, afrontando-se ao artigo 5º., XI da CF?

Não seria, em vista do exposto, função exclusiva do Estado, como reflexo do monopólio jurisdicional, apreciar os conflitos e fixar, com exclusividade, os ônus, poderes, faculdades, deveres, ainda mais para estabelecer modos diversos daqueles que seriam naturalmente esperados?

Por essas razões e questionamentos, mas não só por eles, Cândido Rangel Dinamarco[139], Alexandre Freitas Câmara[140], Daniel Francisco Mitidiero[141], Vicente Greco Filho[142], Ernane Fidélis da Costa[143], Rodolfo Kronemberg Hartmann[144] e José Joaquim Calmon de Passos[145], entre outros, já manifestaram posicionamento que não admitia a figura dos negócios jurí-

---

[139] DINAMARCO, Cândido Rangel. *Instituições de direito processual civil*, vol. 2. 6. ed. São Paulo: Malheiros, 2009. p. 484.

[140] CÂMARA, Alexandre Freitas. *Lições de direito processual civil*. 25. ed. São Paulo: Atlas, 2014. p. 276.

[141] MITIDIERO, Daniel Francisco. *Comentários ao Código de Processo Civil*. 1. ed. São Paulo: Memória Jurídica, 2005. p. 13.

[142] GRECO FILHO, Vicente. *Direito processual civil brasileiro*, vol. 2. 20. ed. São Paulo: Saraiva, 2009. p. 6.

[143] COSTA, Ernane Fidélis da. *Manual de direito processual civil: processo de conhecimento*, vol. 1 13. ed. São Paulo: Saraiva, 2009. p. 205-206.

[144] HARTMANN, Rodolfo Kronenberg. *Curso completo de processo civil*. Niterói: Impetus, 2014. p. 172.

[145] PASSOS, José Joaquim Calmon de. *Esboço de uma teoria das nulidades aplicadas às nulidades processuais*. Rio de Janeiro: Forense, 2005. p. 69-70.

dicos processuais antes do advento do CPC/2015, conforme nos informa Leonardo Carneiro da Cunha[146].

E ainda de acordo com o que nos recorda Leonardo Carneiro da Cunha a esse respeito

> As opiniões contrárias à existência do negócio jurídico processual consideram, em realidade, que a vontade não tem qualquer relevância na produção de efeitos pelo ato processual. Desse modo, o sentido juridicamente relevante do ato processual seria objetivo, sem qualquer ligação a elementos estranhos à declaração.
>
> Não é sem razão, aliás, que os autores que negam a existência de negócios jurídicos processuais valem-se do fundamento segundo o qual as situações processuais não decorrem da vontade das partes ou de qualquer sujeito do processo, mas de expressas previsões normativas.[147]

Arremata o jurista, então, no sentido de que

> A vontade das partes seria, então, irrelevante na determinação dos efeitos que os atos processuais produzem. Os efeitos dos atos processuais não seriam, em outras palavras, moldáveis. A única disponibilidade que as partes teriam seria a opção de praticar ou não o ato previsto numa sequência predeterminada pelo legislador. Qualquer que fosse a opção da parte, os efeitos dos atos já estariam estabelecidos.[148]

Eduardo Talamini, a esse mesmo respeito, informa que

> Por muito tempo controverteu-se acerca da própria existência de negócios jurídicos processuais. Para a corrente contrária à existência dessa categoria, haveria apenas negócios jurídicos materiais com consequências processuais: a vontade do sujeito seria relevante para a definição de conteúdo e efeitos materiais; o efeito processual seria prefixado em lei. Seria o que ocorreria, por exemplo, na transação. O mesmo aconteceria na convenção arbitral (...). Em suma, existiriam apenas atos jurídicos processuais em sentido estrito: condutas voluntárias e preordenadas a um fim, mas que não teriam como

---

[146] CUNHA, Leonardo Carneiro. "Negócios jurídicos processuais no processo civil brasileiro". In: CABRAL, Antonio do Passo; NOGUEIRA, Pedro Henrique (Coord.). *Negócios processuais*. 1. ed. São Paulo: Juspodivm, 2015. p. 27-61.
[147] Idem. p. 38.
[148] Idem. Ibidem.

interferir sobre seu conteúdo, delineá-lo, no exercício da autonomia da vontade. Essa concepção, que já foi a dominante, foi progressivamente superada pelo entendimento oposto, que admite negócios processuais.[149]

O entendimento oposto, portanto, passou a prevalecer na doutrina, e a esse respeito nos recorda José Carlos Barbosa Moreira, esclarecendo que não é de hoje que são admitidos os negócios jurídicos de índole processual, tendo-se em vista que "em nossos dias predomina a tese da admissibilidade de convenções não autorizadas *expressis verbis* na lei, conquanto se esforcem os escritores a estabelecer limites, sem que se haja até agora logrado unanimidade na fixação de critérios restritivos"[150].

A questão que agora surge é a da compatibilização entre o artigo 190 do CPC/2015 e a CF, nos seus artigos 5º., XXXV e 24, XI.

Ademais, se o processo é Instituição Constitucional – e de fato cremos que é –, como então admitir-se que as partes, afastando-se do caráter publicista inerente ao processo, possam negociar privadamente matéria que não lhes compete?

No nosso entender, não existe nenhuma incompatibilidade entre a norma do artigo 190 do CPC/2015, a noção do processo como Instituição Constitucional e os artigos 5º., XXXV e 24, XI da CF. E explicamos.

Por primeiro, uma vez que se insere num modelo de Instituição Constitucional, ou, melhor dizendo, num processo submetido a um modelo constitucional, o negócio jurídico por nós analisado deverá submeter-se a esse modelo, sob pena de não surtir efeitos no mundo jurídico.

Desse modo, cremos que a contratação do negócio jurídico processual deverá, sempre, respeitar a todos os princípios constitucionais aplicáveis ao processo. Cremos, ademais, que não haja nenhum óbice para essa compatibilização. Poderão as partes, sempre que assim entenderem, celebrar o negócio jurídico processual desde que se respeitem o modelo constitucional do processo e todas as garantias que lhe são inerentes.

Assim sendo, em princípio, o negócio jurídico processual do artigo 190 do CPC/2015 terá, sempre, aptidão para ser celebrado, uma vez que é

---

[149] TALAMINI, Eduardo. "Um processo pra chamar de seu: nota sobre os negócios jurídicos processuais". Disponível em: <http://www.migalhas.com.br/dePeso/16,MI228734,61044--Um+processo+pra+chamar+de+seu+nota+sobre+os+negócios+juridicos>. Acesso em: 01/07/2015.

[150] MOREIRA, José Carlos Barbosa. *Temas de direito processual civil*. Terceira série. São Paulo: Saraiva, 1984. p. 91.

plenamente possível sua contratação sob o influxo dos direitos e das garantias constitucionais de natureza processual, razão por que o negócio jurídico processual, abstratamente considerado, é plenamente factível e, portanto, constitucional.

Portanto, a contratação de todo e qualquer negócio jurídico processual do artigo 190 do CPC/2015 deverá sempre estar pautada nos princípios constitucionais do processo. Entre estes, conforme ensinam Eduardo Arruda Alvim *et al*, compreendem-se: (i) devido processo legal (artigo 5º., LIV da CF); (ii) isonomia (artigo 5º., *caput*, I da CF); (iii) inafastabilidade do controle jurisdicional (artigo 5º., XXXV da CF c/c artigo 190, § único, do CPC/2015); (iv) juiz e promotor naturais (artigo 5º., LIII da CF); (v) contraditório e ampla defesa (artigo 5º., LV da CF); (vi) proibição de prova ilícita (artigo 5º., LVI da CF); (vii) publicidade dos atos processuais (artigo 5º., LX da CF); (viii) motivação das decisões (artigo 93, IX da CF); (ix) independência da magistratura (artigo 2º c/c 93 e 95 da CF); (x) duplo grau de jurisdição (artigo 5º., XXXV, LIV e LV da CF); (xi) razoável duração do processo (artigo 5º., LXXVIII da CF).

Por segundo, a questão do monopólio estatal da jurisdição – conforme previsto no artigo 5º., XXXV da CF *versus* a possibilidade de as partes se autorregrarem no que diz respeito a questões de caráter processual – poderia ensejar a falsa impressão de estarem os particulares, eles mesmos, solucionando as questões entre eles controvertidas sem a devida e inafastável intervenção estatal.

A esse respeito, contudo, remetemo-nos ao próprio texto do artigo 190 do CPC/2015, que, de maneira bastante esclarecedora, estabelece que "de ofício ou a requerimento, o juiz controlará a validade das convenções previstas neste artigo" e, ademais, a jurisdição, na pessoa do Estado-juiz, terá sempre o monopólio sobre a aplicação ou não de determinado negócio jurídico de índole processual. Isso porque, "nos casos de nulidade ou de inserção abusiva em contrato de adesão ou em que alguma parte se encontre em manifesta situação de vulnerabilidade", o Estado-juiz poderá, melhor dizendo, deverá, por força de seu monopólio, recusar a aplicação em concreto de determinado negócio jurídico de índole processual.

Desse modo, em exercendo esse dever inerente ao monopólio que detém, o Estado-juiz, mesmo em se tratando de negócio jurídico processual do artigo 190 do CPC/2015, terá sempre o poder-dever de conhecer de toda e qualquer lesão ou ameaça a direito, nos exatos moldes do que prevê o artigo 5º., XXXV, da CF, razão pela qual prejuízo nenhum trouxe para o sistema a cláusula geral de negócio jurídico processual.

Por essa razão, cremos que o artigo 190 do CPC/2015 não afronta o já mencionado artigo 5º., XXXV, da CF. Pelo contrário, por este foi recepcionado e a ele se submete, motivo pelo qual, sob esse aspecto, não se pode alegar sua hipotética e, conforme demonstramos, inexistente inconstitucionalidade.

E por terceiro, e finalmente, a questão da possível (e igualmente não ocorrente) inconstitucionalidade por afronta ao artigo 24, XI, da CF, ou seja, o eventual desrespeito à exclusividade dos entes estatais para legislar sobre matéria que diga respeito a processo judicial.

Fato é que o negócio jurídico processual fará lei entre as partes, o que, numa análise mais simplista, poderia levar à conclusão de que as partes – em verdadeira afronta ao artigo 24, XI, da CF – estariam legislando particularmente em matéria processual.

Contudo, novamente nos remetemos ao parágrafo único do ora analisado artigo 190 do CPC/2015, que – ao menos no nosso sentir – deixa claro que "de ofício ou a requerimento, o juiz controlará a validade das convenções previstas neste artigo". Portanto, no final das contas, não são as partes que estão a legislar, mas, sim o Estado-juiz, que recebeu a incumbência, por força de lei, de, "nos casos de nulidade ou de inserção abusiva em contrato de adesão ou em que alguma parte se encontre em manifesta situação de vulnerabilidade", impedir a execução em concreto de determinado negócio jurídico de índole processual.

Nessa esteira, o negócio jurídico processual sempre estará sujeito à verificação e à chancela do Poder Judiciário, na figura do Estado-juiz, tudo isso em razão de lei regularmente trazida para o sistema pátrio sob a regência exatamente do artigo 24, XI da CF.

Dessa forma – seja porque o negócio jurídico processual estará, sempre, submetido ao crivo do Judiciário, seja porque a lei que trouxe a possibilidade de celebração de negócios jurídicos processuais é emanada exatamente de um dos entes citados no artigo 24, XI, da CF –, não vemos, sob esse prisma, a existência de óbice para a recepção constitucional do artigo 190 do CPC/2015.

Ademais, e como se não bastasse o quanto acima afirmado, é de se destacar que, de acordo com alguns juristas, o CPC/2015, nos §2º. e § 3º. de seu artigo terceiro, teria consagrado o denominado "princípio" do autorregramento da vontade (princípio da autonomia da vontade). Princípio este que, não obstante o publicismo e o modelo constitucional do processo, em nada desrespeitaria esses cânones por nós aqui analisados, especialmente tendo em vista que a liberdade é um dos pilares dos mais diversos estados democráticos de Direito, entre os quais o Brasil

> Art. 3º Não se excluirá da apreciação jurisdicional ameaça ou lesão a direito.
> § 1º É permitida a arbitragem, na forma da lei.
> § 2º O Estado promoverá, sempre que possível, a solução consensual dos conflitos.
> § 3º A conciliação, a mediação e outros métodos de solução consensual de conflitos deverão ser estimulados por juízes, advogados, defensores públicos e membros do Ministério Público, inclusive no curso do processo judicial.

A esse respeito as lições de Fredie Didie Jr., para quem

> O direito fundamental à liberdade possui conteúdo complexo. Há a liberdade de pensamento, de crença, de locomoção, de associação etc. No conteúdo eficacial do direito fundamental à liberdade está o direito ao autorregramento: o direito que todo sujeito tem de regular juridicamente os seus interesses, de poder definir o que reputa melhor ou mais adequado para a sua existência; o direito de regular a própria existência, de construir o próprio caminho e de fazer escolhas. Autonomia privada ou autorregramento da vontade é um dos pilares da liberdade e dimensão inafastável da dignidade da pessoa humana.
> (...)
> Pode-se localizar o poder de autorregramento da vontade em quatro zonas de liberdade: a) liberdade de negociação (zona das negociações preliminares, antes da consumação do negócio); b) liberdade de criação (possibilidade de criar novos modelos negociais atípicos que mais bem sirvam aos interesses dos indivíduos); c) liberdade de estipulação (faculdade de estabelecer o conteúdo do negócio); d) liberdade de vinculação (faculdade de celebrar ou não o negócio).
> O Direito Processual Civil, embora ramo do Direito Público, ou talvez exatamente por isso, também é regido por essa dimensão da liberdade. O princípio da liberdade também atua no processo, produzindo um subprincípio: o princípio do respeito ao autorregramento da vontade no processo.
> (...)
> Não há razão para minimizar o papel da liberdade no processo, sobretudo quando se pensa a liberdade como fundamento de um Estado Democrático

de Direito e se encara o processo jurisdicional como método de exercício de um poder. Há, na verdade, uma tendência de ampliação dos limites da autonomia privada na regulamentação do processo civil.[151]

Contudo, não nos parece que o CPC/2015 trouxe para o mundo um novo princípio, especialmente este que se pretende denominar de princípio do autorregramento, mormente caso se pretenda extrair o princípio da letra do artigo 3º. e seus parágrafos.

No nosso sentir, se de fato existe falar-se nesse princípio, não teria sido o CPC/2015 que o teria descortinado. Isso porque, mesmo sob a égide do CPC/1973, tanto a maior busca de meios de conciliação (alternativos ou não) como a existência de "autorregramento" já se encontravam ali presentes, decorrência não apenas de negócios jurídicos processuais que o diploma de 1973 já autorizava fossem celebrados, como também da possibilidade de as partes optarem já há tempos pela solução arbitral. Portanto, essa noção de "autorregramento" não é nova e, portanto, não cremos que possa ela ser reconhecida como engenho do novo CPC.

Entendemos, nesse sentido, que o aludido "autorregramento" nada mais é que a noção de uma maior flexibilização, ou, melhor dizendo, de verdadeira revisitação da ideia do absoluto publicismo do processo, fruto de um notório movimento de ordem mundial nesse sentido, com relação ao qual o CPC/2015 não passaria incólume.

---

[151] DIDIER JR, Fredie. "Princípio do respeito ao autorregramento da vontade no processo civil". Disponível em: <http://www.tex.pro.br/index.php/artigos/306-artigos-jun-2015/7187--principio-do-respeito-ao-autorregramento-da-vontade-no-processo-civil>. Acesso em: 01/07/2015. Conclui no sentido de que: "E conclui no sentido de que "Um processo jurisdicional hostil ao exercício da liberdade não é um processo devido, nos termos da Constituição brasileira. O CPC é estruturado de modo a estimular a solução do conflito por autocomposição: a) dedica um capítulo inteiro para regular a mediação e a conciliação (arts. 165-175); b) estrutura o procedimento de modo a pôr a tentativa de autocomposição como ato anterior ao oferecimento da defesa pelo réu (arts. 334 e 695); c) permite a homologação judicial de acordo extrajudicial de qualquer natureza (art. 515, III; art. 725, VIII); d) permite que, no acordo judicial, seja incluída matéria estranha ao objeto litigioso do processo (art. 515, §2º); e) permite acordos processuais (sobre o processo, não sobre o objeto do litígio) atípicos (art. 190). (...) O direito da parte, ora sozinha, ora com a outra, ora com a outra e com o órgão jurisdicional, disciplinar juridicamente as suas condutas processuais é garantido por um conjunto de normas, subprincípios ou regras, espalhadas ao longo de todo o Código de Processo Civil. A vontade das partes é relevante e merece respeito. Há um verdadeiro microssistema de proteção do exercício livre da vontade no processo".

Desse modo, autorregramento nada mais é que respeito à autonomia da vontade, mas dito de um modo diferente. E não há dúvidas de que, mesmo antes do CPC/2015, a autonomia da vontade já era respeitada dentro dos limites do âmbito no qual manifestada, tal como hoje deve ser igualmente entendido: mudar o *nomem* não altera o objeto em estudo.

A esse respeito são as lições de Jaldemiro Rodrigues de Ataide Júnior, que corroboram tudo quanto aqui afirmamos acerca desse novo "princípio"

> É, no mínimo, questionável a asserção de que o CPC/2015 instituiu o *princípio do autorregramento da vontade*. Instituiu mesmo? No regime do CPC/1973, já não deve haver respeito à autonomia da vontade no processo? (...). Tanto é verdade que o *princípio da autonomia* ou *autorregramento da vontade* no processo não é propriamente novidade do CPC/2015 que, no Brasil e alhures, vários autores defenderam o respeito à *autonomia da vontade* no processo, mesmo quando não havia previsão de uma *cláusula geral de negociação processual*, como o art. 190 do CPC/2015.[152]

De qualquer modo, seja lá o nome que se pretender dar à revisitação da noção de absoluto publicismo do processo, fato é que, por tudo quanto expusemos neste tópico, cremos que caso se pretenda tratar da eventual inconstitucionalidade do negócio jurídico processual do artigo 190 do CPC/2015, o plano em que a discussão deve ser travada é o da validade, e não o da existência, tal como aqui fizemos.

E assim entendemos pois, ao definir os elementos do negócio jurídico, mencionamos que seu objeto, em geral, deve ser idôneo. Em melhores palavras, o objeto deve ser "adequado, próprio, que convém perfeitamente (...) tem qualidades para desempenhar determinada atividade ou ocupar certo cargo ou de quem se pode supor honestidade"[153] abstratamente considerado.

Se o objeto é abstratamente possível, ele existe; e, portanto, o negócio jurídico igualmente existirá. Mas a análise de sua pertinência em concreto situa-se no campo da validade, e a análise acerca da constitucionalidade do artigo 190 do CPC/2015 – que define o que poderá ser considerado passível

---

[152] TEIXEIRA JR, Jaldemiro Rodrigues de Ataíde. "Negócios jurídicos materiais e processuais – existência, validade e eficácia – campo-variável e campos-dependentes: sobre os limites dos negócios jurídicos processuais". *Revista de Processo*. v. 244/2015. Jun / 2015. p. 393-423.
[153] HOUAISS, Antônio. *Houaiss eletrônico*, versão 3.0. São Paulo: Objetiva, 2009.

de negócios jurídicos processuais – deverá ser realizada sob a lupa da sua validade, e não da existência.

No nosso entender, a questão da constitucionalidade ou não – tanto do artigo 190 do CPC/2015 como do próprio conteúdo de determinado negócio jurídico processual – diz respeito à licitude daquilo que pretendem as partes negociar. Conforme já visto, o artigo 104, II, do CC, trata da licitude como condição de validade, o que corrobora nossa opção por inserir a questão aqui tratada sob o manto do plano da validade, e não da existência do negócio jurídico processual.

É de se notar que caso se aceite, já há bastante tempo, tal como defende Carlos Alberto Carmona, que o compromisso arbitral, como negócio jurídico processual que é, tem a capacidade de excluir do juiz estatal a competência para conhecimento da causa, e não mais se cogite eventual (e inexistente) inconstitucionalidade do ajuste em tela, cremos não se poder ressuscitar essa mesma discussão relativamente aos demais negócios jurídicos processuais na forma do artigo 190 do CPC/2015.[154]

Desse modo, concluímos, ante tudo quanto exposto, que o artigo 190 do CPC/2015 – que define que uma cláusula geral de negócios jurídicos de índole processual foi albergada pelo sistema – é sim constitucional – e, ademais, uma noção por vezes flexibilizada da noção de publicismo não afronta a CF nem mesmo o modelo constitucional ou a própria noção do processo como instituição constitucional, tal como aqui apontamos.

4.2.3.2 As condições gerais de validade

O negócio jurídico processual – fonte das obrigações e da manifestação da vontade das partes com vistas ao estabelecimento recíproco de obrigações de deveres de natureza procedimental (processual) – deve submeter-se à ordem jurídica que impõe limites à autonomia da vontade. Portanto, para que tenha validade e produza efeitos no mundo, deverá, de maneira geral, tal e qual todo e qualquer tipo de negócio jurídico, submeter-se à regra do artigo 104 do CC, que, por seu turno, estabelece como condições de validade dos negócios jurídicos: (i) agente capaz; (ii) objeto lícito, possível, determinado ou determinável; e (iii) forma prescrita ou não defesa em lei.

---

[154] CARMONA, Carlos Alberto. *Arbitragem e processo – um comentário à Lei nº 9.307/96*. 3. ed. São Paulo: Atlas, 2009. p. 79.

Adicionalmente – e em que pese não estar previsto expressamente no artigo 104 do CC como condição de validade dos negócios jurídicos –, entendemos que tanto o (iv) consensualismo, como a (v) licitude da causa igualmente se afiguram como condições de validade dos negócios jurídicos processuais em geral.

Acerca da capacidade do agente, remetemo-nos aos artigos 3º. e 4º., ambos do CC, que assim dispõem

> Art. 3º São absolutamente incapazes de exercer pessoalmente os atos da vida civil:
> I – os menores de dezesseis anos;
> II – os que, por enfermidade ou deficiência mental, não tiverem o necessário discernimento para a prática desses atos;
> III – os que, mesmo por causa transitória, não puderem exprimir sua vontade.
>
> Art. 4º São incapazes, relativamente a certos atos, ou à maneira de os exercer:
> I – os maiores de dezesseis e menores de dezoito anos;
> II – os ébrios habituais, os viciados em tóxicos, e os que, por deficiência mental, tenham o discernimento reduzido;
> III – os excepcionais, sem desenvolvimento mental completo;
> IV – os pródigos.
> Parágrafo único. A capacidade dos índios será regulada por legislação especial.

Por seu turno, quanto à licitude do objeto, já tivemos oportunidade de nos manifestar favoráveis, no presente trabalho, ao entendimento de que, no plano da validade, não é avaliado se o objeto é física ou faticamente possível, já que essa análise é feita no plano da existência. Diferentemente, o que deve ser verificado no plano da validade é se o objeto é juridicamente possível; ou seja, se, mesmo sendo faticamente possível, o negócio jurídico processual pode ou não ser acolhido pelo Sistema.

A esse respeito, invocamos as lições de Caio Mário da Silva Pereira, para quem

> (...) o objeto há de ser *lícito*. Se é fundamental na sua caracterização a conformidade com o ordenamento da lei, a *liceidade* do objeto ostenta-se como elemento substancial, essencial à sua validade e confina com a *possibilidade*

jurídica, já que são correlatas as ideias que se expõem ao dizer do ato que é possível frente à lei, ou que é lícito.[155]

Se o objeto do negócio jurídico processual é ilícito, juridicamente impossível, ele ainda assim pode existir, mas não deve surtir efeitos no mundo jurídico, já que, em assim sendo, o negócio jurídico processual "descamba para o terreno daqueles fatos humanos insuscetíveis de criar direitos para o agente"[156].

Quanto ao consensualismo, o consentimento das partes pode ser expresso ou tácito, podendo até mesmo o silêncio importar na anuência, na forma do artigo 111 do CC. Contudo, temos sinceras dúvidas – em se tratando de negócio jurídico processual, versando sobre matérias insertas no mundo publicista e originando-se constitucionalmente do processo – se o silêncio poderia importar em anuência para essa espécie de negócio jurídico.

No nosso entender, justamente em razão das peculiaridades do *habitat* no qual se insere o negócio jurídico processual, queremos crer que o silêncio não deveria implicar sua contratação. Isso porque, ao tratar-se de processo, está-se diante de matéria atinente a garantias e direitos fundamentais; e, por essa razão, é tão somente por meio de expressa manifestação de vontade pelas partes que se poderá falar na contratação dos negócios referidos. A contratação não escrita é possível, mas é de todo não recomendada.

No que se refere à licitude da causa, rememoramos as lições de Washington de Barros Monteiro, para quem

> O Código não se referiu à *causa*, isto é, ao fim visado pelo agente. Mas, como esclarece CAPITANT, causa é parte integrante do ato de vontade, confunde-se com o próprio escopo do ato. Assim, quando se diz que a causa ilícita vicia o ato jurídico, é porque o próprio objeto dele é ilícito.[157]

A esse mesmo respeito, são as lições de Silvio Venosa, segundo quem

> Este é um dos temas que tem gerado grande polêmica na doutrina. (...). A *concepção objetivista* é a mais moderna e adotada principalmente na Itália;

---

[155] PEREIRA, Caio Mário da Silva. *Instituições de direito civil*, vol. III. Rio de Janeiro: Forense, 2007. p. 408.

[156] Idem. Ibidem.

[157] MONTEIRO, Washington de Barros; PINTO, Ana Cristina de Barros Monteiro França. *Curso de direito civil*, vol. 1. 44. ed. São Paulo: Saraiva, 2012 p. 232.

para ela, a causa ver a ser aquele elemento distintivo do negócio jurídico para cada tipo de negócio (...). Trata-se da finalidade intrínseca do negócio.[158]

Deixamos para tratar da forma como condição genérica de validade para o fim, já que, nos termos do artigo 107 do CC, a validade de determinada declaração somente dependerá de forma especial, se a lei expressamente assim exigir[159].

Ocorre que, da análise do artigo 190 do CPC/2015, não se denota a exigência de forma específica para a contratação de negócios jurídicos de índole processual. Desse modo, a primeira noção possível seria no sentido da plausibilidade de toda e qualquer forma de contratação.

De fato, cremos que não se faz necessária uma forma específica para a contratação dos negócios jurídicos processuais, os quais poderiam, em tese, até mesmo ser celebrados verbalmente.

Contudo, como já vimos mais acima, para que seja reconhecido como válido, o negócio jurídico processual se sujeita ao crivo do Judiciário, nos termos do parágrafo único do artigo 190 do CPC/2015. Desse modo, em que pese ser formalmente aceita a contratação verbal pela dicção do próprio artigo 190, que não a veda, as dificuldades para sua convalidação na modalidade verbal serão grandes. Assim, cremos que não se deva, apesar de possível, contratar-se negócios jurídicos processuais de maneira não escrita, especialmente em razão do fato de que o negócio jurídico processual sempre estará sujeito ao crivo do Judiciário e de que sua contratação verbal certamente trará inúmeras dificuldades para a necessária convalidação.

4.2.3.3 As condições específicas de validade

Optamos por dividir as condições de validade dos negócios jurídicos processuais em genéricas e específicas, sendo aquelas as condições aplicáveis aos negócios jurídicos em geral.

Já as condições específicas são as que dizem respeito à modalidade processual dos negócios jurídicos conforme estatuído pelo artigo 190 do CPC/2015. Como já tivemos oportunidade de apresentar no presente tra-

---

[158] VENOSA, Silvio de Salvo. *Direito civil. Parte geral*, vol. I e II. 15. ed. São Paulo: Atlas, 2015. p. 400-401.

[159] "Art. 107. A validade da declaração de vontade não dependerá de forma especial, senão quando a lei expressamente a exigir".

balho, essas condições específicas, no nosso entendimento, dizem respeito a questões de caráter objetivo e subjetivo.

Desse modo, em se tratando de negócios jurídicos de índole processual, entendemos que as condições de validade específicas dividem-se em (i) condições objetivas de validade e (ii) condições subjetivas de validade.

As condições objetivas, naturalmente, dizem respeito ao objeto, ao cerne e ao conteúdo do negócio jurídico processual, bem como à análise e à convalidação às quais uma análise objetiva deverá submeter-se perante o Poder Judiciário, a teor do artigo 190 do CPC/2015.

Conforme já tivemos oportunidade de destacar no presente trabalho, cremos, então, que as condições objetivas em tela são estas: (i) autocomposição; (ii) procedimento; e (iii) ônus, poderes, faculdades e deveres processuais das partes. Ademais, o negócio jurídico processual deverá submeter-se (iv) convalidação pelo Poder Judiciário.

Adicionalmente, cremos nós, não apenas essas são as condições específicas de validade decorrentes da letra do artigo 190 do CPC/2015. É que, nos termos do parágrafo único do aludido dispositivo legal, não serão válidos os negócios jurídicos processuais inseridos abusivamente em contrato de adesão ou em contrato no qual alguma das partes se encontre em manifesta situação de vulnerabilidade.

Desse modo, entendemos que a (v) ausência de abusividade/vulnerabilidade igualmente se caracteriza como condição de mesma natureza que as demais anteriormente por nós aqui enfatizadas; ou seja, é igualmente uma condição de validade, mas de viés negativo: para que valha, o negócio jurídico processual não poderá contar com a presença da abusividade/vulnerabilidade.

Contudo, parece-nos que essa condição de validade não se afeiçoa ao objeto, mas, sim, às próprias partes envolvidas no negócio jurídico processual. Ao buscar afastar a abusividade e a vulnerabilidade, o legislador se volta à condição subjetivamente ocupada pelas partes subjetivamente em relação ao negócio jurídico processual. Desse modo, optamos por caracterizar a condição como sendo subjetiva de validade.

Passemos aqui a analisar as tais condições de validade e, inicialmente, tratemos das condições objetivas.

4.2.3.3.1 Autocomposição

Como já vimos, o artigo 190 do CPC/2015 expressamente sujeita a validade dos negócios jurídicos processuais a uma condição inarredável: a autocomposição. O *caput* do mencionado dispositivo legal expressamente estabelece que só serão admitidos negócios jurídicos processuais em relação a processos que versem "sobre direitos que admitam autocomposição".

E o que se deflui da norma em referência? No nosso entendimento, o que pretendeu o legislador com a assertiva foi estabelecer que as partes somente poderão negociar regras de procedimento quando se estiver diante de lides que digam respeito a direitos disponíveis. Mais ainda, queremos crer que pretendeu também o legislador, com isso, fixar que normas cogentes procedimentais, com relação às quais não se admite autocomposição, igualmente não poderão ser objeto de negócio jurídico processual.

Mas não nos parece, contudo, que está o legislador a inovar nesse aspecto, mas tão somente a reforçar que os negócios jurídicos processuais se submetem às mesmas regras de base aplicáveis aos negócios jurídicos em geral, de modo que o artigo 421 do CC deverá também pautar os negócios do artigo 190 do CPC/2015

> Art. 421. A liberdade de contratar será exercida em razão e nos limites da função social do contrato.

E a esse respeito Silvio de Salvo Venosa, informa que

> O Código atual é expresso ao se referir ao sentido da função social do contrato. Assim, o ordenamento procurou das aos mais fracos uma superioridade jurídica para compensar a inferioridade econômica. (...).
> Nem sempre o Estado mostrou-se bem-sucedido na tarefa. A excessiva intervenção na ordem econômica privada ocasiona distorções a longo prazo. A legislação do inquilinato é exemplo típico. A denominada proteção ao inquilino desestimula as construções e, consequentemente, faltam imóveis para locar. (...). O complexo problema não é só nosso, e atinge também as legislações de economias mais desenvolvidas, o que, contudo, não nos deve servir de consolo.[160]

Arremata o jurista que

> No ordenamento, portanto, há normas cogentes que não poderão ser tocadas pela vontade das partes. (...) O controle judicial não se manifestará

---

[160] VENOSA, Silvio de Salvo. *Direito civil. Parte geral*, vol. I e II. 15. ed. São Paulo: Atlas, 2015. p. 344.

apenas no exame das cláusulas contratuais, mas desde a raiz do negócio jurídico. (...) o contrato não é mais visto pelo prisma individualista de utilidade para os contratantes, mas no sentido social de utilidade para a comunidade.[161]

Cremos então, sob esse aspecto, e tendo em vista o teor do artigo 421 do CC e das lições acima colacionadas, que a noção e os limites do que deve ser compreendido como autocomposição relativamente aos negócios jurídicos processuais integram as normas cogentes, a função social do contrato e o próprio negócio jurídico contratual, conforme explicamos adiante.

O que admite composição é aquilo que não é cogente, aquilo que não é obrigatório e inarredável por força de lei e aquilo que diz respeito a direitos disponíveis. Assim sendo, a autocomposição deverá gravitar sobre regras meramente dispositivas, aquelas que permitam às partes a composição, o ajuste, de maneira distinta da prevista em lei.

As normas cogentes, como sabemos, são aquelas que obrigam determinada conduta (preceptivas) ou que a vedam (proibitivas), fazendo que a vontade dos particulares a elas se submeta: a conduta das partes deve ser conduzida por essas regras de maneira absoluta, não se permitindo desvios ou soluções alternativas ao regramento legal cogentemente imposto.

Ademais, e como vimos, em se tratando de processo, estamos diante de um modelo constitucional dentro do qual se inserirá, obrigatoriamente, a cláusula de determinado negócio jurídico processual, sob pena de, em assim não sendo, restar caracterizada sua invalidade.

No nosso sentir, então, a regra sobre autocomposição disciplina que os negócios jurídicos processuais não poderão tratar de modificações a normas cogentes e muito menos a garantias e princípios constitucionais que orientam o processo como um todo, mercê seu modelo constitucional.

Portanto, não se pode, pela via do negócio jurídico processual, renunciar, por exemplo, ao direito de ação em abstrato, de modo que uma das partes jamais possa ingressar com ação contra a outra, sob pena de invalidade do negócio jurídico, já que o direito de ação em abstrato considerado não admite autocomposição. O que as partes podem negociar é o direito material, desde que não cogente e não indisponível, sendo certo que o direito de ação em abstrato não se afeiçoa a essa noção.

---

[161] Idem. Ibidem.

O mesmo se diga, assim entendemos, com relação ao duplo grau de jurisdição. Não podem as partes negociar que, em determinada demanda, abrirão mão da interposição de recursos em abstrato – ou, melhor dizendo, que se submeterão exclusivamente e em qualquer hipótese a determinada decisão interlocutória ou mesmo a decisão de mérito proferida em Primeira Instância.

Contudo – no nosso sentir e sem que haja violação a direitos e garantias fundamentais –, as partes poderiam estabelecer que não haveria interposição de recurso contra uma situação em específico se uma determinada decisão confirmar determinado direito, ou vier a confirma-lo de determinada forma pelas mesmas antecipadamente previstas. Como exemplo, pensamos numa ação de despejo. As partes – sob o império do artigo 190 do CPC/2015 – podem, no nosso sentir, estabelecer que, como caso não ocorra o pagamento de aluguéis e torne-se necessária a propositura da ação de despejo por falta de pagamento, o devedor não poderá ingressar com recurso ou medida assemelhada contra a liminar de despejo eventualmente concedida.

Cremos que a ação em questão cuida de direitos que admitem autocomposição. Entre esses direitos, inclui-se a renúncia prévia a um recurso em concreto, que não importaria renúncia ao direito indisponível do duplo grau de jurisdição abstratamente considerado. Desse modo, se a liminar de despejo fosse concedida com base em fundamento, pedido outro – por exemplo, na alegação de uso próprio do imóvel –, cabível seria o recurso mesmo que houvesse sido celebrado o negócio jurídico processual acima mencionado.

Portanto, não se renunciou à garantia constitucional, ao direito fundamental ao duplo grau de jurisdição, mas apenas a um recurso em concreto, a uma situação em específico (trataremos melhor da questão dos direitos indisponíveis e negócios jurídicos processuais mais adiante).

Se o fundamento da ação for outro que não a falta de pagamento e se a liminar se fundar em objeto igualmente outro, as partes não negociaram, por impossível, a renúncia ao direito ao duplo grau de jurisdição, sendo plenamente possível a interposição do recurso sem que se afronte ao eventual negócio jurídico processual contratado pelas partes.

Em outro exemplo, não poderiam as partes, em vez de eleger o foro, buscar indevidamente eleger um juiz em específico, uma *persona* destacada e individualizada para presidir o processo e julgar a lide. Ora, uma cláusula como essa não seria válida, e aqueles que porventura defendam essa excrescência certamente não perceberam que o negócio jurídico processual deve dizer, em primeiro lugar, respeito às partes e tão somente a elas. Igualmente, nenhum negócio jurídico pode afetar direitos e garantias de terceiros, no caso, os do julgador.

Ademais, uma cláusula com um objeto como o referido feriria, em abstrato, a garantia constitucional do juiz natural. Isso igualmente faria que tal ajuste fosse juridicamente inválido. Como se não bastasse, uma cláusula dessas pode encerrar verdadeiro ato de conluio entre as partes, para prejudicar outros tantos terceiros, o que igualmente não se pode admitir, pois o negócio jurídico de índole processual deve também pautar-se pela função social atinente aos negócios jurídicos como um todo. Ademais, sempre que o juiz entender que determinado negócio jurídico processual possa vir a ferir a função social dos contratos (artigo 421 CC) e a prejudicar terceiros, deverá reputá-lo como inválido.

4.2.3.3.2 Procedimento

Como já vimos, nos termos do artigo 190 do CPC/2015, só se pode falar de negócio jurídico processual válido quando seu objeto se restringe a questões que digam respeito ao procedimento, e não ao processo propriamente dito. Assim sendo, por meio do negócio jurídico processual, as partes podem negociar determinadas alterações na marcha processual, mas não poderão modificar noções de processo ou mesmo de seus outros elementos.

Como exemplo, temos que as partes, por meio do negócio jurídico processual e em determinado contrato de empréstimo, poderiam indicar, de antemão, na hipótese de execução forçada, os bens sobre os quais obrigatoriamente recairia a penhora e, ademais, poderiam já fixar o valor de sua avaliação para fins de expropriação. Poderiam, ainda, as partes prever e deixar já autorizada e previamente acordada a adjudicação dos referidos bens. E todas essas hipóteses dizem respeito ao procedimento de uma ação de execução por quantia certa, estando as partes, portanto, autorizadas a assim negociar, pois estão a cuidar exclusivamente de procedimento.

Contudo, o que não podem as partes é negociar o processo. Além disso, caso se esteja diante de um contrato de abertura de crédito em conta corrente, por exemplo – que, reconhecidamente, não comporta obrigação líquida e certa[162] e, portanto, não presta para amparar ação de exe-

---

[162] "O contrato de abertura de crédito (em conta corrente, rotativo ou cheque especial), ainda que acompanhado dos extratos relativos à movimentação bancária do cliente, não cons-

cução por quantia certa –, não poderão as partes, com base no artigo 190 do CPC/2015, ajustar que, no caso de inadimplência, o processo a ser adotado seja o de execução, e não o de conhecimento (procedimento comum ou especial – ação de cobrança ou monitória).

Outra situação que, entendemos, não poderá ser objeto de negócio jurídico processual, por cuidar de processo, de regras processuais e não procedimentais, diz respeito à eventual escolha não do foro, mas, sim, do juiz. E explicamos: as partes poderiam (se possível fosse, e não é), crendo num ilogismo sem par estarem fundamentadas no artigo 190 do CPC/2015, pretender escolher determinado juiz, certa pessoa investida do poder jurisdicional para conhecer e julgar a lide existente, ou porventura existente, entre elas.

Contudo, mesmo que fosse possível a existência de um negócio jurídico como tal, – já que um acordo de vontades desse jaez feriria frontalmente o princípio do juiz natural e o próprio modelo constitucional do processo –, ainda assim não teria validade o dito negócio jurídico processual, já que não estariam as partes negociando procedimento. A escolha do juiz, da *persona* do julgador, é regra de processo, de distribuição livre dos feitos que não pode ser alterada pelas partes e, ademais, é regra cogente que não admite autocomposição.

Desse modo, então, as partes, por meio do negócio jurídico processual, poderão alterar os trilhos sobre o qual a locomotiva do processo trafega, mas não podem alterar a locomotiva em si.

4.2.3.3.3 Ônus, poderes, faculdades e deveres processuais

As partes, portanto – observadas todas as condições de validade e todos os limites que, mesmo sem expressamente nomear como tais, já os estamos delineando no presente trabalho –, poderão celebrar negócios jurídicos processuais de modo a alterar a marcha processual, melhor dizendo, o procedimento.

Contudo, a letra do artigo 190 do CPC/2015 é bastante clara ao preconizar que as partes terão a prerrogativa de negociar procedimento relativamente aos ônus, poderes, faculdades e deveres, desde que o façam com relação a elas próprias, as partes, e não a terceiros.

titui título hábil a aparelhar processo de execução, podendo servir de início de prova para eventual ação monitória. Súmulas 233 e 247" *in* STJ – REsp 800178/SC – Rel. Min. Luis Felipe Salomão – Órgão Julgador: Quarta Turma – Data do Julgamento: 07/12/2010 – Data da Publicação/Fonte: DJe 10/12/2010.

Em primeiro lugar, destacamos que, para a validade do negócio jurídico processual, seu objeto deverá limitar-se aos ônus, poderes, faculdades e deveres de ninguém mais, nem menos, do que das próprias partes. Desse modo – a título de exemplo e ainda utilizando-nos da hipótese impossível de as partes negociarem a escolha de um julgador em específico –, ainda que não houvesse todas as restrições que já apontamos acima no item 3.2.3.3.2 deste trabalho, é de se notar que um negócio jurídico processual como o descrito não diz respeito aos ônus, poderes, faculdades e deveres processuais: a escolha de um juiz em específico, por exemplo, não se enquadra em nenhuma dessas hipóteses.

Ademais, e mesmo que se admitisse, por impossível que seja, caracterizar-se a escolha de determinado julgador como uma faculdade ou poder das partes, ainda assim, atrelar um terceiro a um negócio entre partes e forçar esse terceiro a submeter-se ao negócio jurídico é igualmente inválido sob o olhar das condições de validade por nós aqui já analisadas.

Portanto, o negócio jurídico processual somente pode dizer respeito aos ônus, poderes, faculdades e deveres processuais das próprias partes e não pode criar, modificar ou extinguir direitos, nem mesmo obrigar terceiros, seja pela própria letra do artigo 190, seja por regras comezinhas de Direito.

4.2.3.3.4 Convalidação judicial

Ao analisarmos a questão da constitucionalidade do artigo 190 do CPC/2015 e de sua recepção pelo Sistema pátrio, afirmamos que, não obstante todos os demais argumentos que levam à conclusão pela sua constitucionalidade, a garantia do monopólio estatal da jurisdição, conforme previsto no artigo 5º., XXXV da CF, teria sido plenamente albergada pelo referido artigo 190, já que "de ofício ou a requerimento, o juiz controlará a validade das convenções previstas neste artigo".

Dessa forma, a jurisdição, na pessoa do Estado-juiz, teve mantido seu monopólio mesmo em consistindo o negócio jurídico processual em hipótese de autorregramento da vontade das partes em seara processual.

Desse modo, o autorregramento, ou melhor dizendo, a ampliação do campo de atuação do princípio da autonomia da vontade se desenvolverá sob determinadas regras que temos paulatinamente analisado no presente trabalho, mas deverá sempre ser exercido de maneira vigiada. É verdadeira liberdade vigiada que as partes detêm, mercê do caráter publicista e da natureza constitucional do processo, que ainda remanescem presentes no sistema processual pátrio.

Desse modo, em exercendo esse dever inerente ao monopólio que detém, o Estado-juiz, mesmo em caso de negócio jurídico processual do artigo 190 do CPC/2015, terá sempre a prerrogativa de conhecer de toda e qualquer lesão ou ameaça a direito, nos exatos moldes do que prevê o artigo 5º., XXXV, da CF, razão pela qual prejuízo algum trouxe para o Sistema a cláusula geral de negócio jurídico processual.

Caberá então ao Estado-juiz realizar o, digamos assim, juízo de admissibilidade do negócio jurídico processual, de modo que a convalidação e a verificação da respectiva legalidade, existência, validade e eficácia estarão sempre sob a lupa do Judiciário, devendo ser indeferida a execução da cláusula de negócio jurídico processual sempre que o juiz identificar hipóteses de nulidade e de anulabilidade (e sobre esse tema falaremos mais adiante), ou nos casos de abusividade e vulnerabilidade das partes, tema que trataremos a seguir.

Antonio do Passo Cabral, contudo, aponta que a nossa posição é minoritária na doutrina, e defendendo posicionamento contrário assim ensina

> Parece-nos que a homologação ou deferimento são desnecessários, e não podem ser considerados pressupostos para a eficácia dos negócios processuais por três razões principais. Primeiro, porque as convenções processuais decorrem *diretamente* da autonomia das partes no processo, normativamente justificada no permissivo geral de autorregramento da vontade, exercido nos limites extraídos da combinação dos princípios dispositivos e do debate. Acordos processuais são, como vimos no Cap. 1, atos determinantes. As partes podem produzir os efeitos pretendidos pelo negócio independentemente da intermediação de outro sujeito (...). A segunda razão é que pode haver acordos pré-processuais, celebrados antes do processo e comumente antes do próprio conflito. Submeter toda e qualquer convenção processual (inclusive as prévias) a controle judicial seria certamente inconcebível. (...). Por fim, compreender a homologação prévia como necessária significa negar a autonomia na qual a negociação se baseia (...). Além de ser uma perspectiva limitadora das potencialidades da pessoa humana (...).[163]

Não nos convencem, contudo, esses argumentos do respeitável professor. Primeiramente, é necessário distinguir o plano da existência do plano da validade.

---

[163] CABRAL, Antônio do Passo. *Convenções processuais. Entre publicismo e privatismo*. Tese (Livre--docência) – Faculdade de Direito da Universidade de São Paulo, 2015. No prelo. p. 246-247.

Como vimos, a existência do negócio jurídico processual não depende da convalidação, mas, sim da presença, objetivamente falando, dos elementos anteriormente por nós analisados. Cremos, portanto, firmes em tudo quanto já analisamos no presente trabalho, que, para ter validade e surtir os esperados efeitos no mundo jurídico, determinado negócio jurídico processual deverá atender a outras determinadas condições de validade, entre as quais a está a convalidação judicial.

O fato de se exigir a convalidação judicial como condição de validade não afasta o reconhecimento da maior autonomia da vontade das partes no processo, decorrente da possibilidade de autorregramento na forma do CPC/2015. Veja-se: elaborar a petição inicial, formular pedidos, requerer provas, ou mesmo desistir da produção de provas, entre outros atos processuais das partes, são todos atos representativos da autonomia e mesmo do autorregramento. Contudo, não se nega que o juiz poderá, desde que fundamente seu *decisum*, indeferir todos esses pleitos, e nem por isso se questiona de eventual "perversão" da noção de autonomia das partes nessas situações.

De modo diverso, sequer cogitamos a possibilidade de prévia homologação, convalidação judicial, para negócios jurídicos processuais celebrados antes da existência da demanda, tendo em vista que somente há que se falar em intervenção judicial quando a demanda existir; e, desse modo, não vemos nenhum óbice para a posição que adotamos.

Finalmente, a convalidação não fere nem mesmo diminui a autonomia da vontade. Ao celebrar todo e qualquer negócio jurídico, mesmo aqueles com objeto ilícito, celebrados com vício de vontade ou coisa que o valha, as partes exercem a autonomia privada da vontade. Uma vez suscitado o vício, o Judiciário irá avaliar a questão e, se for o caso, suplantar ou corrigir o vício, quando possível, não se aventando, aqui, violação à autonomia. E, se é assim, por qual motivo levantar o mesmo questionamento quanto aos negócios jurídicos de índole processual?

Ora, as partes não podem ter maior liberdade no processo, do que a que têm fora dele. E, se todos os atos da vida são passíveis de análise judicial e de modificação por força do Poder Jurisdicional, não se pode cogitar entendimento diverso ao se falar do processo e, mormente, do negócio jurídico processual do artigo 190 do CPC/2015, que só tem razão de existir num plano que admite o Estado-juiz como parte indispensável.

Rememoramos aqui, ademais, as lições de Pontes de Miranda, que, nas palavras de Daniela Santos Bomfim, ao que nos parece, encerra a questão da necessária convalidação na forma como aqui defendemos

A vontade humana não é ilimitada, e não depende dela o que entra ou não no mundo jurídico. "É o sistema que "limita a classe dos atos humanos que podem ser juridicizados". É também o sistema jurídico que limita os efeitos ou as categorias de efeitos jurídicos que podem ser criados. Só há poder de escolha da eficácia jurídica quando o sistema jurídico deixou espaço para tanto.[164]

É o próprio sistema, no bojo do § único do artigo 190 do CPC/2015 que estabelece a convalidação e – conforme cremos que, na forma como posta a lei e tal como aqui a interpretamos – convalida a condição de validade.

4.2.3.3.5 Abusividade e vulnerabilidade

Consequência da necessária convalidação judicial e do monopólio estatal da jurisdição, conforme previsto no artigo 5º., XXXV da CF, incumbe ao juiz, nos termos do artigo 190 do CPC/2015, de ofício ou a requerimento, controlar a validade dos negócios jurídicos processuais. Igualmente, ao realizar tal tarefa, cabe ao magistrado identificar se a situação é de inserção abusiva de cláusula de negócio jurídico processual em contrato de adesão, ou se, mesmo não se tratando de contrato de adesão, a posição de alguma das partes é vulnerável em detrimento da outra.

No nosso sentir e como já tivemos oportunidade de apresentar neste trabalho, a condição de validade aqui apresentada diz muito mais respeito à posição que as partes ocupam no negócio, caracterizando, assim, condição de validade de natureza subjetiva.

Ademais, por mais que a regra da abusividade possa ter contornos objetivos, o espírito da lei é, cremos nós, o de preservar o direito de determinadas partes consideradas como mais vulneráveis.

Contrato de adesão é aquele delineado nos termos do artigo 54 do Código de Defesa do Consumidor (CDC), que assim estabelece

> Art. 54. Contrato de adesão é aquele cujas cláusulas tenham sido aprovadas pela autoridade competente ou estabelecidas unilateralmente pelo fornecedor de produtos ou serviços, sem que o consumidor possa discutir ou modificar substancialmente seu conteúdo.

---

[164] BOMFIM, Daniela Santos. "A legitimidade extraordinária de origem negocial". In: CABRAL, Antonio do Passo; NOGUEIRA, Pedro Henrique (Coord.). *Negócios processuais*. 1. ed. São Paulo: Juspodivm, 2015. p. 341.

Portanto,

É o típico contrato que se apresenta com todas as cláusulas predispostas por uma das partes. A outra parte, o aderente, somente tem a alternativa de aceitar ou repelir o contrato. (...). Para o consumidor comum, não se abre a discussão ou alteração das condições gerais dos contratos ou das cláusulas predispostas.[165]

Do léxico, tem-se que abuso é o "uso excessivo ou imoderado de poderes"[166]. Ao que nos parece, é justamente o uso excessivo ou imoderado de poderes que o legislador busca evitar ao proibir expressamente que o negócio jurídico processual traga em seu bojo cláusulas abusivas em contratos de adesão. Isso porque, por não ter a prerrogativa de livremente discutir as cláusulas e condições do contrato, a este se sujeitando e aderindo, uma das partes acaba por ocupar posição presumidamente de desvantagem e merece, portanto, proteção estatal.

Essa questão é de tamanho relevo que optou o legislador, mesmo sem necessidade, por expressamente vedar o negócio jurídico processual abusivo em sede de contrato de adesão. E dizemos que seria desnecessária a previsão expressa, já que as regras gerais de Direito Civil – especialmente aquelas que o CC previu textualmente em seu cerne, tais como a função social do contrato e a eticidade – por si só já vedariam o abuso em matéria de negócio jurídico contratual, independentemente do reforço do artigo 190 do CPC/2015.

Para saber o que é um negócio jurídico processual abusivo e, portanto, inválido, remetemo-nos ao artigo 51 do CDC[167]. O dispositivo traz diversos exemplos não restritivos do que pode vir a caracterizar um negócio jurídico

---

[165] VENOSA, Silvio de Salvo. *Direito civil. Parte geral*, vol. I e II. 15. ed. São Paulo: Atlas, 2015. p. 352-353.
[166] HOUAISS, Antônio. *Houaiss eletrônico*, versão 3.0. São Paulo: Objetiva, 2009.
[167] "Art. 51. São nulas de pleno direito, entre outras, as cláusulas contratuais relativas ao fornecimento de produtos e serviços que:
I – impossibilitem, exonerem ou atenuem a responsabilidade do fornecedor por vícios de qualquer natureza dos produtos e serviços ou impliquem renúncia ou disposição de direitos. Nas relações de consumo entre o fornecedor e o consumidor pessoa jurídica, a indenização poderá ser limitada, em situações justificáveis;
II – subtraiam ao consumidor a opção de reembolso da quantia já paga, nos casos previstos neste código;
III – transfiram responsabilidades a terceiros;

processual abusivo, sendo certo que o juiz, ao realizar a convalidação do ato, deverá sempre analisá-lo de acordo com as condições em concreto da causa e das partes.

Quanto ao tema, a questão que surge de plano é a de averiguar se o abuso somente invalidaria o negócio jurídico processual inserto em contratos de adesão; e, pelo que acima expusemos, entendemos que não há invalidação. A ocorrência do abuso, justamente em razão dos princípios gerais de Direito Civil, invalidará os negócios jurídicos processuais como um todo, estejam estes inseridos ou não em contrato de adesão.

Se assim não fosse, o legislador não teria estabelecido a vulnerabilidade como condição negativa de validade dos negócios jurídicos processuais, vulnerabilidade que é ínsita às cláusulas abusivas inseridas em contratos de adesão.

Contudo, ao tratar da vulnerabilidade, o legislador não limitou sua ausência apenas e tão somente aos contratos de adesão, tendo deixado claro

---

IV – estabeleçam obrigações consideradas iníquas, abusivas, que coloquem o consumidor em desvantagem exagerada, ou sejam incompatíveis com a boa-fé ou a equidade;
V – (Vetado);
VI – estabeleçam inversão do ônus da prova em prejuízo do consumidor;
VII – determinem a utilização compulsória de arbitragem;
VIII – imponham representante para concluir ou realizar outro negócio jurídico pelo consumidor;
IX – deixem ao fornecedor a opção de concluir ou não o contrato, embora obrigando o consumidor;
X – permitam ao fornecedor, direta ou indiretamente, variação do preço de maneira unilateral;
XI – autorizem o fornecedor a cancelar o contrato unilateralmente, sem que igual direito seja conferido ao consumidor;
XII – obriguem o consumidor a ressarcir os custos de cobrança de sua obrigação, sem que igual direito lhe seja conferido contra o fornecedor;
XIII – autorizem o fornecedor a modificar unilateralmente o conteúdo ou a qualidade do contrato, após sua celebração;
XIV – infrinjam ou possibilitem a violação de normas ambientais;
XV – estejam em desacordo com o sistema de proteção ao consumidor;
XVI – possibilitem a renúncia do direito de indenização por benfeitorias necessárias.
§ 1º Presume-se exagerada, entre outros casos, a vantagem que:
I – ofende os princípios fundamentais do sistema jurídico a que pertence;
II – restringe direitos ou obrigações fundamentais inerentes à natureza do contrato, de tal modo a ameaçar seu objeto ou equilíbrio contratual;
III – se mostra excessivamente onerosa para o consumidor, considerando-se a natureza e conteúdo do contrato, o interesse das partes e outras circunstâncias peculiares ao caso. (...)".

que, mesmo que não se esteja diante de contratos de adesão, não será válido o negócio jurídico processual sempre que se verificar sua celebração com uma parte que se mostre frágil, prejudicada ou em situação de clara desvantagem.

4.2.4 O plano da eficácia

Superadas as questões da existência e validade do negócio jurídico processual, o plano seguinte a ser avaliado é o da sua eficácia, porque, como já vimos, o negócio jurídico pode existir, ser válido, mas, em razão do não implemento de determinada condição, termo, modo ou encargo, sua eficácia pode encontrar-se inoperante, suspensa ou mesmo condicionada.

A esse respeito, Maria Helena Diniz, tratando do que denomina de *elementos acidentais* do negócio jurídico, informa que

> Os elementos acidentais do negócio jurídico são cláusulas que se lhe acrescentam com o objetivo de modificar uma ou algumas de suas consequências naturais. Nada mais são do que categorias modificadoras dos efeitos normais do negócio jurídico, restringindo-os no tempo ou retardamento o seu nascimento ou exigibilidade. (...). Sua presença é dispensável para a existência do negócio, uma vez que são declarações acessórias da vontade, incorporadas a outra, que é a principal.[168]

Dessa forma, a aplicação em concreto dos negócios jurídicos processuais também deverá ser analisada sob o plano da sua eficácia. Portanto, as regras estatuídas pelos artigos 121 a 137 do CC, entre outras de mesma natureza, também poderão impactar os negócios jurídicos processuais e o farão com o objetivo de (i) subordinar seus efeitos a evento futuro (artigo 121); (ii) suspender o exercício, mas não a aquisição do direito decorrente de um determinado negócio jurídico processual (artigo 131); e/ou (iii) impor ao negócio jurídico uma condição suspensiva (artigo 136).

4.3 Nulidade e anulabilidade do negócio jurídico processual

Diz o artigo 166 do CC que

> Art. 166. É nulo o negócio jurídico quando:

---

[168] DINIZ, Maria Helena. *Curso de direito civil brasileiro. Teoria geral do direito civil*, vol. 1. 32. ed. São Paulo: Saraiva, 2015. p. 576.

I – celebrado por pessoa absolutamente incapaz;
II – for ilícito, impossível ou indeterminável o seu objeto;
III – o motivo determinante, comum a ambas as partes, for ilícito;
IV – não revestir a forma prescrita em lei;
V – for preterida alguma solenidade que a lei considere essencial para a sua validade;
VI – tiver por objetivo fraudar lei imperativa;
VII – a lei taxativamente o declarar nulo, ou proibir-lhe a prática, sem cominar sanção.

Por seu turno, o artigo 171 do CC estatui que

> Art. 171. Além dos casos expressamente declarados na lei, é anulável o negócio jurídico:
> I – por incapacidade relativa do agente;
> II – por vício resultante de erro, dolo, coação, estado de perigo, lesão ou fraude contra credores.

A esse respeito as lições de Washington de Barros Monteiro, para quem

> Como desde logo se percebe da comparação entre as nulidades absolutas e relativas, aquelas são muito mais graves, muito mais profundo é o atentado à ordem jurídica. O legislador reprime-as de modo mais enérgico, aplicando-lhes a sanção mais severa. Cumpre observar que a simulação, tradicionalmente vista como apta a anular o negócio jurídico, hoje se enquadra como nulidade, nos termos do art. 167 do Código Civil de 2002, que declara taxativamente: é nulo o negócio jurídico simulado. Nas segundas a falta é mais leve, sendo menos profundo o contraste com a ordem jurídica. A pena de nulidade, cominada para as primeiras, seria excessiva, e por isso o direito positivo, atenuando-a, criou a figura da anulabilidade.[169]

Quanto aos efeitos decorrentes do reconhecimento da nulidade e da anulabilidade, Caio Mario da Silva Pereira esclarece que

> A nulidade e a anulabilidade, uma vez pronunciadas, implicam recusa dos efeitos da declaração de vontade, que encontra na infração da lei barreira ao

---

[169] MONTEIRO, Washington de Barros; PINTO, Ana Cristina de Barros Monteiro França. *Curso de direito civil*, vol. 1. 44. ed. São Paulo: Saraiva, 2012. p. 337.

resultado a que o agente visa. (...). O ato *nulo* de pleno direito é frustro nos seus resultados, nenhum efeito produzindo: *quod nullum est nullum producit effectum*. (...) O decreto judicial de nulidade produz efeitos retroativos (*ex tunc*), indo alcançar a declaração de vontade no momento mesmo da emissão. (...). O ato *anulável*, por não ser originário de tão grave defeito, produz as suas consequências, até que seja decretada a sua invalidade. (...). A razão está em que, ao contrário da nulidade, que é de interesse público, e deve ser pronunciada mesmo *ex officio*, (...) a anulabilidade, por ser de interesse privado, não pode ser pronunciada senão a pedido da pessoa atingida, e a sentença não produz efeitos retroativos (*ex nunc*), respeitando as consequências geradas anteriormente.[170]

Feitos esses esclarecimentos introdutórios, importa destacar que o artigo 190 do CPC/2015, ao fixar a convalidação judicial como condição de validade dos negócios jurídicos processuais, deixou claro que ela será realizada de ofício ou a requerimento do interessado, de modo que tanto a nulidade quanto a anulabilidade poderão ser reconhecidas pelo juízo como causas de invalidação e de sustação dos efeitos do negócio.

Em assim sendo, nas hipóteses do artigo 166 do CC, poderá o juiz conhecer de ofício a nulidade e negar a produção de efeitos ao negócio jurídico processual. Em se tratando das hipóteses do artigo 171 do CC, ou seja, nos casos de mera anulabilidade, a intervenção judicial somente ocorrerá na hipótese de ser formulado requerimento específico por parte do interessado.

As condições gerais de validade do negócio jurídico, quando ausentes, se inserem nas hipóteses de nulidade do artigo 166 do CC, de modo que delas poderá o juiz conhecer de ofício.

Igual raciocínio, no nosso sentir, deve ser aplicado às condições específicas de validade, já que o artigo 190 do CPC/2015 expressamente subordina os negócios jurídicos processuais à verificação de ocorrência de todas as aludidas condições. Isso, no nosso sentir, faz que a questão das condições específicas diga respeito a eventos de nulidade, e não de anulabilidade.

Ademais, os negócios jurídicos processuais, como aqui já visto, inserem-se num modelo constitucional de processo. Portanto – de modo a equilibrar o autorregramento (ou seja, a maior amplitude que se deu ao princípio

---

[170] PEREIRA, Caio Mário da Silva. *Instituições de direito civil*, vol. III. Rio de Janeiro: Forense, 2007. p. 539-541.

da autonomia da vontade) e o publicismo que ainda é a nota de corte do modelo processual civil adotado em terreno pátrio –, não se pode entender, ao menos no nosso sentir, que eventuais vícios inerentes às condições específicas de validade possam afastar-se do controle jurisdicional.

5. Limitações ao negócio jurídico processual brasileiro

Por tudo o que vimos até agora, já foi possível identificar determinados limites para a contratação dos negócios jurídicos processuais do artigo 190 do CPC/2015. Cremos que esses limites podem ser identificados em duas distintas categorias: há aqueles de *natureza objetiva*, que definem o que poderá ou não constituir o objeto dos negócios jurídicos processuais, e aqueles de *natureza subjetiva*, que dizem respeito a determinados aspectos inerentes aos sujeitos e à posição que estes ocupam dentro ou em função do negócio jurídico processual.

O que pretendemos nesse capítulo é tentar condensar aquilo tudo que já logramos demonstrar paulatinamente no presente trabalho como limitação da autonomia da vontade das partes em matéria de negócios jurídicos processuais, porque entendemos que, do conjunto de nossa obra, já se faz possível identificar todos os referidos limites, que ora agrupamos.

5.1 Limites objetivos

Quanto ao objeto dos negócios jurídicos processuais do artigo 190 do CPC/2015, diversos são os parâmetros e limites que pudemos identificar em nossa pesquisa ao longo dos capítulos desta nossa obra, tendo optado por assim subdividir:

5.1.1 A linha vermelha do direito estrangeiro: normas cogentes

Conforme já apontamos, o papel de maior destaque à autonomia da vontade em sede de processo civil pátrio deve-se a um movimento global de tendências que tem paulatinamente se mostrado presente nos mais distintos ordenamentos jurídicos alienígenas.

Em que pese o negócio jurídico processual não ser propriamente uma novidade em terras brasileiras, a forma como se deram os contornos dessa figura no CPC/2015 é nova e não tem ainda parâmetros bem definidos para sua aplicação. Isso somente se verificará com o tempo e com a utilização da norma do artigo 190 nos casos em concreto.

Desse modo – e ante à ausência de parâmetros construídos em nosso ordenamento para balizar a aplicação e definir mais claramente os contornos e limites do negócio jurídico processual em terreno pátrio –, justifica-se buscar nos ordenamentos jurídicos estrangeiros ao menos as fontes iniciais para auxiliarem na construção dos mais que necessários lindes, especialmente tendo em vista que claramente o artigo 190 do CPC/2015 foi inspirado nos ordenamentos referidos.

Inexistindo previsão legal expressa a esse respeito, cremos, como já dissemos – seja porque o legislador foi buscar no direito estrangeiro a inspiração para o artigo 190 do CPC/2015, seja porque as regras do artigo 140 do CPC/2015 e do artigo 4º da Lei de Introdução às normas do Direito Brasileiro (LIDB) esclarecem que os princípios gerais de direito devem aplicar-se em casos como o ora analisado – que o direito comparado deve ser perscrutado na busca de amparo para a tarefa que aqui nos propusemos executar, eis que

> Art. 140. O juiz não se exime de decidir sob alegação de lacuna ou obscuridade do ordenamento jurídico.
> Parágrafo único. O juiz só decidirá por equidade nos casos previstos em lei.
>
> Art. 4º Quando a lei for omissa, o juiz decidirá o caso de acordo com a analogia, os costumes e os princípios gerais de direito.

Os princípios gerais de direito a que alude o artigo 4º. acima "são regras consagradas na ciência do direito, que podem ser utilizadas na solução de conflitos. Constituem-se em princípios gerais de direito: o direito comparado [...]".[171]

Dessa forma, como já apontamos, reside aí – mas não só aí, já que a regra dos negócios jurídicos processuais é muito inspirada em exemplos do direito

---

[171] NERY JÚNIOR, Nelson; NERY, Rosa Maria de Andrade. *Código de Processo Civil comentado*. 4. ed. rev. ampl. São Paulo: RT, 1999. p. 603.

comparado – a justificativa para buscarmos no direito estrangeiro a solução para essa questão dos limites dos negócios jurídicos. Portanto, podemos afirmar que o primeiro dos limites que identificamos para os negócios jurídicos processuais é a referida linha vermelha imposta pelas normas cogentes, tal como identificado pelos mais diversos ordenamentos de outros países por nós aqui analisados.

A esse respeito, relembramos que o direito alemão – berço principal da doutrina que construiu o que hoje entendemos por negócios jurídicos processuais – reconhece a existência dos já mencionados *prozessuale Verfügungsverträge*. Estes não podem versar sobre regras mandatórias e, portanto, cogentes. Ademais, o sistema alemão também afirma a existência dos igualmente mencionados *prozessuale Verpflichtungsverträge*, os quais, por seu turno, somente são cabíveis naquelas situações em que as partes, por força de lei procedimental, têm mais de uma opção para reagir em determinada situação: ou seja, se a lei estabelece de maneira obrigatória determinado comportamento, sem que se abra opção para as partes, não se poderá cogitar de negócios jurídicos processuais[172].

Nos Estados Unidos da América, guardadas as peculiaridades daquele sistema, somente serão admitidos negócios jurídicos processuais sobre normas não cogentes se estes forem celebrados contemporaneamente à existência da lide. Entretanto justamente é admitido esse limite mais amplo para seu objeto, pois, nessa modalidade específica, os negócios jurídicos processuais estarão sempre submetidos à convalidação judicial. Já os negócios jurídicos processuais antecedentes à lide restarão impedidos de dispor sobre regras de natureza cogente.[173]

Da França, e especialmente das lições de Loïs Cadiet, é que tomamos emprestada a expressão "linha vermelha", ao cuidar dos limites dos negócios jurídicos processuais. Isso porque naquele ordenamento o que eles consideram como um efetivo *contract de procédure*, além de necessariamente submeter-se à exigência de convalidação judicial, somente poderá ter por objeto prerrogativas dos sujeitos do processo; melhor dizendo, somente se poderá negociar aquilo que não é mandatório e que não é cogente, portanto.[174]

---

[172] KERN, Christoph A. *Procedural contracts in Germany*. In: CABRAL, Antonio do Passo; NOGUEIRA, Pedro Henrique (Coord.). *Negócios processuais*. 1. ed. São Paulo: Juspodivm, 2015. p. 179-191.

[173] DODGE, Jaime. "The limits of procedural private ordering". *Virginia Law Review*. v. 97, n. 4, Junho/2011. p. 723-799.

[174] ALMEIDA, Diogo Assumpção Rezende de. *A contratualização do processo. Das convenções processuais no processo civil. De acordo com o novo CPC*. São Paulo: LTr, 2015. p. 42-51.

E repisamos aqui as lições de Loïs Cadiet, que, ao tratar do tema, refere-se especificamente aos direitos disponíveis – que serão analisados mais adiante – como sendo a tal linha vermelha dos limites para o negócio jurídico processual. Contudo, queremos crer que o limite vermelho concebido pelo jurista em discussão é não apenas o dos direitos disponíveis, mas também o do texto de lei que contenha normas inarredáveis e que fixe as normas cogentes como não passíveis de negociação entre os particulares. Nesse sentido,

> Una línea roja, me parece, atraviesa la totalidad del fenómeno y esta es la de la disponibilidad de los derechos litigiosos. Los derechos indisponibles no pueden ser desjudicializados (...). "Solamente podrán constituir el objeto del contrato las cosas que estén en el comercio", dispone el artículo 1129, CC. A decir verdad, los derechos indisponibles no pueden ser desjurisdiccionalizados como demuestran numerosas disposiciones del CPC (...).[175]

Também em Portugal há essa linha vermelha, já que os negócios jurídicos processuais naquele país, pautados pelo princípio da adequação formal, não devem ser interpretados de modo a permitir o afastamento puro e simples do princípio da legalidade, ou mesmo o completo abandono da natureza publicística do processo civil.[176]

Desse modo, entendemos que, sempre que a lei procedimental não der opção para as partes, implícita ou explicitamente, impondo certo comportamento de maneira obrigatória e não relegando escolha às partes, estaremos diante do primeiro dos limites dos negócios jurídicos processuais.

Como exemplo, vejamos o próprio artigo 140 do CPC/2015 aqui por nós mais acima citado. A letra da lei estabelece que o juiz não poderá negar-se

---

[175] CADIET, Loïc. "La desjudicialización – informe introductorio". In: NOGUEIRA, Pedro Henrique; CAVANI, Renzo. (Coord.). *Convenciones procesales. Estudios sobre negocio jurídico y proceso*, vol. 1. Lima: Raguel, 2015. p. 93-129: "(...) a desjudicialização não pode abranger todo tipo de direitos litigiosos. Uma linha vermelha, me parece, cruza a totalidade do fenômeno e esta [a linha vermelha] é a disponibilidade dos direitos litigiosos. Os direitos indisponíveis não podem ser desjudicializados. (...). 'Apenas poderão constituir objeto de contrato as coisas que estejam no comércio', dispõe o artigo 1129 CC. Em verdade, os direitos indisponíveis não podem ser desjurisdicionalizados, como demonstram diversos artigos do CPC" (tradução nossa)".

[176] BRITO, Wanda Ferraz; MESQUITA, Duarte Romeira de. *Código de Processo Civil – Anotado*. 18. ed. Coimbra: Almedina, 2009. p.286-287.

a decidir uma causa sob a alegação de lacuna ou de obscuridade do ordenamento, determinando, ainda, que decisão por equidade é exceção, possível somente nos casos expressos na própria lei.

A norma em testilha é claramente cogente, pois não admite um comportamento diferente das partes. Portanto, não se pode cogitar de um negócio jurídico processual que, sob o fundamento de lacuna da lei em relação a determinada situação em concreto, busque impedir que as partes acessem o Judiciário até que, por exemplo, seja editada a lei que venha a suprir a lacuna aludida. Um negócio jurídico processual como o descrito é claramente inválido e não pode ser aceito pelo sistema pátrio, sob pena de que se cruze, de maneira indevida, a linha vermelha das normas cogentes, e de que, ainda, violem-se, literal e frontalmente, os princípios e as garantias fundamentais.

De maneira diversa, mas novamente usando o artigo 140 como exemplo, cremos que as partes tampouco poderiam celebrar um negócio jurídico processual que estabeleça indistintamente a equidade como regra de julgamento. Isso porque, novamente, a letra da lei é cogente e estabelece, de maneira inarredável, que somente se poderá falar em julgamento por equidade naqueles casos expressamente autorizados por lei.

5.1.2 Autorregramento (?) da vontade pautado pelo publicismo e modelo constitucional do processo

Optamos por fazer uso da denominação "autorregramento" ou "princípio do autorregramento" no presente trabalho para não confundir o leitor, que certamente encontrará não apenas essas definições, mas outras tantas nas mais diversas obras sobre os negócios jurídicos processuais do CPC/2015.

Contudo, e já tivemos oportunidade de aqui demonstrar, não cremos que exista o alegado princípio do autorregramento e muito menos acreditamos que, caso ele de fato exista, não foi o CPC/2015 que o criou.

Cremos que, ao falar-se em autorregramento, tão somente está a falar-se, de maneira diferente, do princípio da autonomia da vontade privada, que desde sempre integrou nosso sistema, muito antes do advento do novo *codex*.

O que de fato existe, nesse tema, é um maior alcance da autonomia da vontade privada no bojo do CPC/2015, constatação que, no entanto, não faz necessário cunhar um novo termo para o respeito à autonomia da vontade, que já é bastante usual em terreno pátrio.

Os instrumentos que dão maior voz à autonomia da vontade em matéria processual civil – entre os quais se incluem o artigo 190 e a figura dos negócios jurídicos processuais advinda do dispositivo – não necessariamente inovam a ponto de trazer a lume um novo princípio. Falar em autorregramento é falar em autonomia da vontade, nada mais do que isso.

Os negócios jurídicos processuais, portanto, são construídos sobre uma base sólida que reconhece uma maior inserção da autonomia da vontade em sede procedimental. Contudo, não se pode olvidar que os negócios jurídicos processuais do artigo 190 do CPC/2015 só têm razão de existir dentro do plano do processo civil, o qual, por seu turno, tem natureza de instituição constitucional e é pautado por um claro modelo igualmente constitucional.

Assim sendo, os negócios jurídicos processuais estão contidos na noção de processo e não podem, por questão de lógica, superar os limites dentro dos quais sua existência é admitida.

Por essa razão, mesmo reconhecendo-se que o CPC/2015, a exemplo dos modelos estrangeiros, optou por conceder mais relevância à autonomia da vontade, a mudança de paradigma ocorre dentro do próprio *habitat* do processo. Deve, portanto, adequar-se e pautar-se pela realidade na qual se insere, sob pena de uma nítida inconformidade entre os negócios jurídicos processuais e a realidade processual/constitucional na qual aqueles se inserem. Ademais, é óbvio que, havendo tal inadequação, os negócios jurídicos processuais sempre cederão ao modelo constitucional e à natureza jurídica de instituição constitucional do processo, por princípio básico de hierarquia de leis.

Desse modo, mesmo havendo uma maior relevância e aplicação, em sede processual, do princípio da autonomia da vontade, não se pode esquecer que o processo se desenvolve ainda sob o manto do publicismo que lhe dá seus contornos.

Desse modo, e na forma como já pudemos identificar neste trabalho, os negócios jurídicos processuais do artigo 190 – que só podem ter razão de existir dentro do espectro da própria noção de processo civil, dos princípios que o orientam e das limitações que o sistema emprega ao processo civil, mercê da sua natureza pública e de sua submissão à CF – não podem afastar-se das limitações ínsitas ao campo processual.

E o Tribunal de Justiça de São Paulo já se manifestou nesse exato sentido, confirmado a tese que aqui defendemos

Agravo de instrumento. Ação indenizatória. Acidente de trânsito. Denunciação da lide à seguradora em momento posterior ao previsto no art. 126 do CPC/15. Ampliação dos limites subjetivos da demanda. Impossibilidade. Feito já saneado. Negócio jurídico processual que não pode suprimir garantias constitucionais. Risco a direito de terceiro estranho ao processo. Decisão mantida. Recurso improvido.

(...) recorre a agravante alegando, em síntese, a necessidade de observância ao negócio jurídico processual celebrado entre as partes no curso da demanda e segundo o qual o valor indenizatório foi firmado na importância de R$ 50.000,00, com a condição de que, na hipótese de rejeição do sinistro pela seguradora, fosse ela denunciada à lide, conforme constou na cláusula 4ª do citado pacto. Sustenta que, quando da elaboração do negócio jurídico processual, o juiz não indeferiu os termos da avença e tampouco fez qualquer ressalva, determinando, inclusive, a suspensão do feito até que fosse ultimado, no âmbito administrativo, o sinistro em questão, de modo que a decisão agravada contrariou o disposto no art. 10 do CPC/15 que veda a decisão surpresa. Requer, assim, a concessão de efeito suspensivo ao presente recurso, com seu provimento ao final para que seja determinada a ampliação do polo passivo. (...) a denunciação da lide em face da seguradora deveria ter sido requerida na petição inicial, se o denunciante fosse a autora, ou na contestação, se os denunciantes fossem os réus, conforme preconiza o art. 126 do CPC/15, de modo que o que pretende a agravante é a ampliação dos limites subjetivos da lide, vedada pelo disposto no art. 329 do mesmo diploma legal, sobretudo porque já regularmente saneado o processo. Cumpre ainda observar que o negócio jurídico processual previsto no art. 190 do CPC/15 não pode suprimir direito de defesa, do contraditório, ou eliminar quaisquer garantias constitucionais, muito menos de terceiros estranhos ao processo, como o que se pretende com a denunciação da lide à seguradora quando já saneado o feito, considerando-se ainda que sequer foi colacionado aos autos qualquer contrato em que haja indicação de eventual obrigação da seguradora, que, de acordo com documento juntado pela parte, recusou-se a pagar a indenização pretendida, porque não contratado cobertura para dano moral. (...).[177]

---

[177] TJSP – Agravo de Instrumento 2161535-45.2016.8.26.0000 – Rel. Des. Walter Cesar Exner – 36ª Câmara de Direito Privado – Data do julgamento: 19/09/2016 – Data de publicação: 19/09/2016.

Assim sendo, cremos que a interpretação adequada aos negócios jurídicos processuais e à fixação dos seus limites de atuação deve também ser pautada pela noção de verdadeira compatibilização entre a maior autonomia da vontade privada, o publicismo e a submissão do processo como um todo (incluindo-se aí os negócios jurídicos processuais) ao modelo e noção do processo como instituição constitucional. E, como já vimos, é plenamente possível compatibilizar essas noções sem que, com isso, qualquer delas seja negada ou violada.

Já defendemos aqui nossa posição estabelecendo que, em primeiro lugar, o negócio jurídico processual obrigatoriamente se submete ao modelo constitucional, à noção de processo como instituição constitucional, e, ainda, ao fato de que processo é ramo do direito público, sob pena de não surtir efeitos no mundo jurídico. Por todas essas razões, a contratação do negócio jurídico processual deverá, sempre, condicionar-se a todos os princípios constitucionais aplicáveis ao processo e, cremos nós, não há nenhum óbice para essa compatibilização.

Sob o olhar exposto, portanto, o negócio jurídico processual sempre estará limitado pelos princípios constitucionais do processo, entre os quais, conforme já identificamos neste trabalho, figuram: (i) devido processo legal (artigo 5º., LIV da CF); (ii) isonomia (artigo 5º., caput, I, da CF); (iii) inafastabilidade do controle jurisdicional (artigo 5º., XXXV, da CF c/c artigo 190, § único, do CPC/2015); (iv) juiz e promotor natural (artigo 5º., LIII, da CF); (v) contraditório e ampla defesa (artigo 5º., LV, da CF); (vi) proibição de prova ilícita (artigo 5º., LVI, da CF); (vii) publicidade dos atos processuais (artigo 5º., LX, da CF); (viii) motivação das decisões (artigo 93, IX, da CF); (ix) independência da magistratura (artigo 2º, c/c 93 e 95, da CF); (x) duplo grau de jurisdição (artigo 5º., XXXV, LIV e LV, da CF); (xi) razoável duração do processo (artigo 5º., LXXVIII, da CF).

Em segundo lugar, e recordando o que aqui já afirmamos, o monopólio estatal da jurisdição e a clara noção do processo como ramo do direito público – que se deflui do artigo 5º., XXXV, da CF – estão compatibilizados com a figura dos negócios jurídicos processuais do artigo 190. Portanto, a obrigatoriedade de convalidação judicial é uma das condições que já identificamos dos negócios do artigo 190, já que a letra do artigo de lei aqui em análise expressamente estabelece que "de ofício ou a requerimento, o juiz controlará a validade das convenções previstas neste artigo". Ademais, a jurisdição, na pessoa do Estado-juiz, terá sempre o monopólio sobre a aplicação ou não de determinado negócio jurídico de índole processual, porque "nos casos de nulidade ou de inserção abusiva em contrato de adesão ou em que alguma parte se encontre em manifesta situação de vulnerabilidade". Por todo o exposto, poderá, melhor dizendo, deverá o Estado-juiz, por força de seu monopólio, recusar a aplicação em concreto de determinado negócio jurídico de índole processual.

Portanto, o negócio jurídico processual sempre estará sujeito à verificação e à chancela do Poder Judiciário, na figura do Estado-juiz, tudo isso em razão de lei regularmente trazida para o sistema pátrio sob a regência exatamente do artigo 24, XI, da CF, convalidação esta por meio da qual será apurado se o negócio jurídico processual afronta a noção de direito processual como ramo do direito público (publicismo), bem como a noção de processo como instituição constitucional e o correlato modelo igualmente constitucional.

Não havendo as afrontas, não poderá ser negada a aplicação do negócio jurídico processual à espécie, sendo descabida decisão judicial que negar sua aplicação e validade sem fundamento em possível afronta ao modelo constitucional do processo e todas as respectivas vertentes aqui já analisadas.

5.1.3 Direito indisponível

Não são necessárias muitas linhas para atestar-se que mais um dos limites dos negócios jurídicos processuais é a indisponibilidade de direitos. Aquilo que é indisponível não admite autocomposição e, logicamente, não pode ser objeto de negociação privada entre as partes.

Poderíamos aqui, então, encerrar o tópico em discussão, concluindo que os negócios jurídicos processuais também terão como limite a indisponibilidade de direitos. Entretanto, daí surge o problema de conceituar o que são direitos indisponíveis, diante de que, não obstante nossas limitações, tentaremos estabelecer alguns parâmetros para fins de identificar até onde e o que se poderá negociar na forma no artigo 190 do CPC/2015.

Não existe na CF a definição do que são direitos indisponíveis. O que se tem apenas é, no seu artigo 127, a menção à legitimação do Ministério Público na tutela desses direitos e interesses, sem que se defina o real alcance do que vem a ser a referida indisponibilidade.

O CC, por seu turno, em seu artigo 11, trata apenas dos direitos da personalidade, atestando que "com exceção dos casos previstos em lei, os direitos da personalidade são intransmissíveis e irrenunciáveis, não podendo seu exercício sofrer limitação voluntária", conforme nos recorda Letícia de

Campos Velho Martel, em obra monográfica com a qual obteve seu grau de doutoramento[178].

Alerta-nos a jurista que

> A doutrina publicista brasileira refere, com poucas exceções, que os direitos fundamentais são indisponíveis. Na mesma esteira, os privatistas afirmam que os direitos da personalidade são indisponíveis, e os internacionalistas, que os direitos humanos o são. Ainda, no âmbito do direito penal, é forte a ideia de que o consentimento da vítima (ou do ofendido) não produz efeitos jurídicos, quando se tratar (o que é, no mais das vezes, o caso) da proteção de bens ou de direitos indisponíveis, o que seria, em grande parcela das vezes, o caso. Também na ambiência dos direitos sociais, assevera-se que são indisponíveis: percebe-se essa aplicação no ramo trabalhista e previdenciário e também no que concerne aos direitos à saúde e à educação. Apesar de juristas de vários ramos do direito adotarem, em um primeiro olhar, a premissa da indisponibilidade dos direitos fundamentais, não se pode inferir a inexistência de um problema quanto ao assunto. De um lado, a Constituição não expressa notoriamente a indisponibilidade dos direitos fundamentais. De outro lado, questões práticas vêm recebendo respostas que se distanciam da premissa de indisponibilidade. A afirmação geral da indisponibilidade dos direitos fundamentais torna-se nebulosa, seja em face de elementos teóricos, seja em face da realidade que cotidianamente a desafia, mediante múltiplos exemplos de disposição de tais direitos e das consequências previstas em lei a respeito da consideração de um determinado direito como indisponível.[179]

Percebe-se, então, que uma das formas de entender os direitos indisponíveis é associá-los à noção de direitos fundamentais, que são aqueles reconhecidos pelo ordenamento pátrio, pela comunidade jurídica e pelos órgãos internacionais como um mínimo a ser outorgado e respeitado em favor de todo e qualquer cidadão, independentemente da nacionalidade.

Entre outros vários direitos fundamentais, importam, para o presente trabalho, aqueles que dizem respeito ao processo e – nunca demais lembrar o artigo 5º. da CF, que molda o modelo constitucional do processo brasi-

---

[178] MARTEL, Letícia de Campos Velho. "Direitos fundamentais indisponíveis – os limites e os padrões do consentimento para a autolimitação do direito fundamental à vida". Tese (doutorado) – Faculdade de Direito da Universidade do Estado do Rio de Janeiro, 2010. p. 17-18.
[179] Idem. Ibidem. p. 18-19.

leiro e norteia a noção de processo como instituição constitucional – inserem-se topograficamente no Título II da CF, sob a categoria "Dos Direitos e Garantias Fundamentais".

Desse modo, tudo aquilo que já vimos no presente trabalho sob a rubrica dos princípios constitucionais do processo, a seguir novamente identificados, insere-se na noção de direitos fundamentais, bem como, em princípio, no conceito de direitos indisponíveis, que não poderiam ser albergados por negócios jurídicos processuais. Isso porque, em tese, a autonomia da vontade não pode ir tão longe assim a ponto de negociar aquilo que não seja negociável, *in verbis*: (i) devido processo legal (artigo 5º., LIV, da CF); (ii) isonomia (artigo 5º., caput, I, da CF); (iii) inafastabilidade do controle jurisdicional (artigo 5º., XXXV, da CF c/c artigo 190, § único, do CPC/2015); (iv) juiz e promotor natural (artigo 5º., LIII, da CF); (v) contraditório e ampla defesa (artigo 5º., LV, da CF); (vi) proibição de prova ilícita (artigo 5º., LVI, da CF); (vii) publicidade dos atos processuais (artigo 5º., LX, da CF); (viii) motivação das decisões (artigo 93, IX, da CF); (ix) independência da magistratura (artigo 2º, c/c 93 e 95, da CF); (x) duplo grau de jurisdição (artigo 5º., XXXV, LIV e LV, da CF); (xi) razoável duração do processo (artigo 5º., LXXVIII, da CF).

Mais uma vez, então, poderíamos dar este capítulo por encerrado, tendo em vista que identificamos o que são direitos indisponíveis e estabelecemos que, em regra, os indisponíveis – estes lidos como direitos e garantias fundamentais – não poderiam ser objeto de autocomposição.

Contudo, cremos não ser absoluta a asserção, e explicamos, sujeitando-nos às críticas que certamente advirão.

Letícia de Campos Velho Martel, na referida obra monográfica sobre o tema dos direitos fundamentais e sua disponibilidade, recorda-nos que os direitos fundamentais possuem duas dimensões, uma subjetiva e outra objetiva. Informa, ainda, que à dimensão objetiva – ou seja, à letra fria da lei e ao direito fundamental abstratamente considerado – nem sempre corresponde um direito subjetivo em concreto. Por isso, eventualmente admitir a possibilidade de disposição, de autocomposição em relação aos direitos fundamentais só será possível em referência ao aspecto, à dimensão subjetiva, ou seja, a determinada posição em concreto que vier ou estiver sendo ocupada por seu titular.

Se, grosso modo, dispor de um direito fundamental significa que um titular dele abre mão, é fácil concluir que ele apenas pode fazê-lo em relação às posições subjetivas que titulariza. Não se pode abrir mão de algo cuja titularidade não se possui. Em assim sendo, o conceito de disposição de direitos fundamentais refere-se à parcela subjetiva de um direito fundamental. Quando à dimensão objetiva não corresponder uma dimensão subjetiva, não há que se falar em disposição. Quando houver uma dimensão subjetiva associada à objetiva, ou apenas uma dimensão subjetiva, cabe tratar da disposição. (...). Para que exista disposição, é imprescindível a modificação (alteração, criação ou extinção) de posições subjetivas de direitos fundamentais, as quais envolvem, necessariamente, dois sujeitos.[180]

Conclui a jurista, então, pela admissão da disponibilidade, melhor dizendo, da "autocomposição" de determinadas posições subjetivas relacionadas aos direitos fundamentais, aos ditos direitos indisponíveis, desde que a eventual disponibilidade não seja total e não abarque, como já vimos aqui, a dimensão objetiva desses direitos, já que a posição objetiva não é de titularidade de um indivíduo isoladamente considerado, e, sim, da sociedade como um todo

A delimitação quanto ao objeto da disposição conduz à distinção entre a parcial e a total. A disposição parcial refere-se a uma ou a algumas posições jurídicas subjetivas de um direito fundamental. A total refere-se ao feixe de posições jurídicas subjetivas de um direito fundamental. Aqui já se firma um ponto. Se o conceito de disposição total confundir-se com direito fundamental como um todo, de regra será inadmissível a disposição. Lembra-se, todavia, ser não apenas difícil, mas rara a possibilidade de disposição do direito fundamental como um todo, em virtude de facetas da dimensão objetiva. Assim, o critério torna-se de pouca utilidade prática. Mas, se compreendida como a disposição de todo o feixe de posições subjetivas de um direito fundamental, talvez seja a classificação mais útil à verificação da admissibilidade da disposição.[181]

Feitas essas considerações, cremos que nossa posição – de certo modo já manifestada no presente trabalho – resta reforçada pelas lições acima colacionadas. Entendemos, então, que o limite para os negócios jurídicos processuais é também o da indisponibilidade dos direitos, o que se traduz

---

[180] Idem. p. 60.
[181] Idem. p. 205.

na impossibilidade, como regra, de celebrarem-se negócios jurídicos processuais que tenham por objeto direitos e garantias fundamentais.

Contudo, cremos que a indisponibilidade e a impossibilidade de celebração de determinados negócios jurídicos processuais do artigo 190 do CPC/2015 dizem respeito exclusivamente à dimensão objetiva, e não à objetiva, do que vier a ser considerado como direito indisponível.

Como também já tivemos oportunidade de asseverar no presente trabalho, não podem as partes negociar e dispor direitos e garantias fundamentais (os ditos direitos indisponíveis) abstratamente considerados; mas, se puderem fazê-lo, o será apenas quanto a posições concretas subjetivamente ocupadas pelas partes, já que, conforme visto nas lições de Letícia de Campos Velho Martel, não se pode abrir mão de algo cuja titularidade não se possui.

Desse modo, temos para nós que o limite absoluto e inarredável dos negócios jurídicos processuais significa, entre outros elementos: as posições abstratas neles contidas; a proteção abstratamente considerada, que diz respeito ao conteúdo objetivo, de modo que nunca se poderá renunciar abstratamente ao direito de ação; o duplo grau de jurisdição; e a integralidade abstratamente considerada da garantia do contraditório.

Portanto, não se pode cogitar da existência de um negócio jurídico processual que diga respeito a posições abstratamente consideradas, de modo que, como regra, não é de se admitir negociação sobre a parte indisponível dos direitos fundamentais.

Contudo, no nosso sentir, há, sim, uma parte disponível dos direitos fundamentais, que é a posição subjetiva e concreta ocupada pelas partes em relação a esses direitos. Ademais, mesmo antes do CPC/2015, já se admitia a disposição, ou seja, a autocomposição em relação a essa parcela dos direitos fundamentais, que entendemos ser disponível.

Veja-se: antes mesmo do CPC/2015, já era de se admitir acordo extrajudicial, por meio do qual as partes poderiam fixar de antemão o valor de determinada indenização, renunciando o lesado à propositura da ação indenizatória para reparação dos prejuízos englobados pelo *quantum* indenizatório previamente fixado pelas partes.

Na hipótese mencionada, aquele que sofreu o prejuízo não negociou uma posição objetiva e não renunciou a um aspecto abstrato da garantia fundamental do direito de ação. Não negociou o direito de ação abstratamente considerado, mas, sim, uma posição subjetiva e concreta por ele ocupada.

Caso se sinta prejudicado com o acordo, entendendo que surgiram prejuízos outros não foram previstos no *quantum* indenizatório, aquele que sofreu o prejuízo ainda deterá, por indisponível que é, o direito de acionar outrem que lhe causou os danos, não se falando, portanto, em violação dos limites que aqui estamos traçando.

Poder-se-ia dizer que, na hipótese como a que estamos a agitar, o interessado teria negociado não uma situação processual (procedimental), mas, sim, o direito material, o qual, por óbvio em tal hipótese, é disponível e passível de negociação. Contudo, como cediço, a todo direito há uma ação correspondente; e, ao negociar o direito material, obviamente se está, também, a negociar temas afeitos ao processo e ao procedimento.

Ademais, ao admitir-se a possibilidade de negócios jurídicos processuais tais como os que estamos aqui a considerar – especialmente em relação a posições em concreto ocupadas pelos interessados no âmbito do direito de ação –, a negociação entre as partes diz respeito a procedimento, e não ao processo. Isso porque, numa hipotética negociação como a que aqui estamos ventilando, as partes cingem-se a específicos pedidos a serem porventura formulados no âmbito do processo, o que claramente surtirá efeitos no procedimento, na marcha processual.

O mesmo raciocínio acima, cremos nós, poderia igualmente ser aplicado no contexto da garantia fundamental ao duplo grau de jurisdição, à ampla defesa e ao contraditório. Afinal, sempre que se estiver diante de uma posição concretamente ocupada pelo interessado – não se cogitando, portanto, de negociar aspectos da dimensão objetiva do direito fundamental –, será, em tese, possível a autocomposição, respeitados todos os demais limites já identificados no presente trabalho.

A discussão não é tranquila, e os posicionamentos contrários são vários. Entretanto, o Estado Brasileiro já admitiu, em situação específica, a disponibilidade do mais importante dos direitos fundamentais, que é o direito à vida, em caso de aborto de fetos anencéfalos, descriminalizando o ato. E, se assim o é, por qual motivo então não se cogitar da possível disponibilidade de direitos fundamentais outros, que claramente têm menor relevância que o direito à vida, tal como certos aspectos em concreto do direito de ação?

> ESTADO – LAICIDADE. O Brasil é uma república laica, surgindo absolutamente neutro quanto às religiões. Considerações. FETO ANENCÉFALO – INTERRUPÇÃO DA GRAVIDEZ – MULHER – LIBERDADE SEXUAL E REPRODUTIVA – SAÚDE – DIGNIDADE – AUTODETERMINAÇÃO

– DIREITOS FUNDAMENTAIS – CRIME – INEXISTÊNCIA. Mostra-se inconstitucional interpretação de a interrupção da gravidez de feto anencéfalo ser conduta tipificada nos artigos 124, 126 e 128, incisos I e II, do Código Penal.[182]

Por fim, a esse respeito, destacamos que nem todas as garantias e direitos fundamentais, que pautam a noção do que vem a ser direito indisponível, possuem uma dimensão subjetiva. Portanto, nessas hipóteses, não se poderá aventar, de maneira alguma, a celebração de negócios jurídicos processuais do artigo 190 do CPC/2015.

É o caso, por exemplo, da garantia do juiz natural, da motivação das decisões, da independência da magistratura e das provas ilícitas. Nesses casos, parece-nos que o cerne da garantia e seu aspecto e dimensão são exclusivamente de ordem objetiva: as partes não tem qualquer papel no desenvolvimento, por exemplo, do que vem a ser a independência da magistratura ou mesmo da motivação das decisões.

Não conseguimos identificar, no aspecto em tela, uma posição subjetiva que possa vir a ser ocupada pelas partes, razão pela qual, no nosso sentir, nessas hipóteses de direito e de garantias fundamentais (de direitos indisponíveis) que não tragam em seu bojo um conteúdo, uma noção subjetiva, a proibição dos negócios jurídicos processuais será inarredável e absoluta.

5.1.4 Condições de validade

Não obstante todos os demais limites acima, já expressamente identificados no presente trabalho, não podemos deixar de apontar que as condições de validade dos negócios jurídicos processuais do artigo 190 do CPC/2015 constituem também outros tantos limites para sua celebração. Isso porque, ausentes essas condições, o negócio jurídico processual não terá validade, não surtirá os efeitos pretendidos e restará, portanto, limitado quanto a seu efetivo valor no mundo jurídico.

Já apontamos, também neste estudo, que são duas as distintas modalidades de condições de validade que servem de parâmetro e de fixação de limites daquilo que pode ou não ser objeto dos negócios jurídicos processuais do artigo 190 do CPC/2015. São elas as condições *gerais* e as *específicas* de validade.

---

[182] STF – ADPF 54/DF – rel. Min. Marco Aurélio – Tribunal do Pleno – Provimento por maioria. j. 12.04.2012. DJe-080/2013 (divulg. 29.04.2013, public 30.04.2013).

As condições gerais são aquelas verificáveis em relação a todo e qualquer negócio jurídico, tal como estatuído pelo artigo 104 do CC. Já as condições de validade específicas são aquelas que decorrem do artigo 190 do CPC/2015.

Dessa forma, temos como *condições gerais de validade* (i) o agente capaz (artigo 104, I, do CC); (ii) o objeto lícito, que deve ser determinado ou determinável (artigo 104, II, do CC) e (iii) a forma prescrita e não defesa em lei (artigo 104, III, do CC). Ademais, mesmo não previstas no dito artigo 104, acrescentam-se: (iv) a consensualidade e (v) a causa ao rol de condições. Nesse esteira, ao plano de validade Pontiano apenas adicionamos a causa como condição de validade.

Quanto às *condições específicas de validade*, cremos que haja duas subcategorias: há as (i) *condições específicas objetivas*, que dizem respeito ao objeto e ao modo pelo qual será processado o controle sobre esse objeto (o imperioso controle jurisdicional pelo qual o negócio jurídico processual deve se submeter), e as (ii) *condições específicas subjetivas*, que dizem respeito aos sujeitos, à condição e à posição que estes ocupam.

E, como já vimos aqui, para que o negócio jurídico processual seja considerado como válido quanto ao objeto, cumulativamente às *condições gerais*, deverá atender também às *condições específicas de validade*. Deverá, portanto, limitar-se a (i) direitos que admitam autocomposição (e já pudemos, nos tópicos mais acima, entender o que compreendemos como autocomposição no âmbito dos ditos direitos indisponíveis); (ii) questões que digam respeito ao procedimento e às especificidades da causa; e (iii) temas circunscritos aos ônus, poderes, faculdades e deveres processuais das partes. E, ainda objetivamente falando, para ser considerado como válido, o referido negócio deverá ser (iv) chancelado pelo Poder Judiciário, na forma prescrita pelo parágrafo único do artigo 190 do CPC/2015.

Ademais, como *condições específicas subjetivas* de validade, reconhecemos que a ausência de abusividade/vulnerabilidade igualmente se caracteriza como condição de mesma natureza que as demais anteriormente por nós aqui destacadas. Desse modo, é condição de validade, mas que diz respeito aos sujeitos, aos agentes e, portanto, é uma condição subjetiva que, ademais, é negativa: não se pode fazer presente a abusividade/vulnerabilidade, sob pena de invalidade do negócio jurídico processual.

Desrespeitadas, portanto, as condições de validade, que por vezes se confundem ou reforçam os demais limites por nós aqui já identificados, cremos que os limites possíveis de contratação dos negócios jurídicos processuais do artigo 190 do CPC/2015 terão sido indevidamente desrespeitados, residindo então, na noção das condições de validade, mais um dos parâmetros que devem basilar os limites possíveis de alcance do mencionado artigo 190.

5.2 Limites subjetivos (relatividade dos efeitos)

A teor do que se extrai do princípio da relatividade dos efeitos dos contratos em geral, tem-se que, como regra, determinado negócio jurídico somente obriga às partes que dele participaram, não se falando na existência de efeitos ultra partes. É claro que os terceiros não deverão, por princípio de boa-fé, prejudicar sem justo motivo a execução das obrigações assumidas pelas partes, até mesmo pelo princípio de eticidade que ilumina o ordenamento pátrio.

Contudo, guardadas essas exceções e questões, a regra geral é imperativa e estabelece que não se pode obrigar terceiros por ajustes dos quais não tomaram parte.

E entendemos que, por mais que pareça desnecessário, é de todo relevante ressaltar que essa mesma regra e o mesmo princípio da relatividade dos efeitos dos contratos igualmente deverão ser respeitados quando da contratação dos negócios jurídicos processuais; somando-se, então, a todos os demais limites por nós aqui já analisados a limitação subjetiva, que também deverá permear e balizar a contratação dos negócios jurídicos do artigo 190 do CPC/2015.

Desse modo, por exemplo, cremos não ser possível a contratação de negócios jurídicos processuais que digam respeito a prerrogativas de terceiros, de modo a limitá-las ou modificá-las, sem que esses terceiros tenham tomado parte do negócio. Ainda nessa hipótese, cremos não ser possível às partes celebrar negócios jurídicos processuais que obriguem a intervenção de terceiros, ou que a vedem, já que não se pode negociar direito alheio.

Nesse exato sentido já decidiu o Superior Tribunal de Justiça, ao tratar do tema na esfera penal, estabelecendo não ser admissível que os negócios jurídicos processuais afetem a esfera de direitos de terceiros

> A colaboração premiada é uma técnica especial de investigação, meio de obtenção de prova advindo de um negócio jurídico processual personalíssimo, que gera obrigações e direitos entre as partes celebrantes (Ministério Público e colaborador), não possuindo o condão de, por si só, interferir na esfera jurídica de terceiros, ainda que citados quando das declarações

prestadas, faltando, pois, interesse dos delatados no questionamento quanto à validade do acordo de colaboração premiada celebrado por outrem. Precedentes do STF e STJ.[183]

Sob esse aspecto, cremos também que os negócios jurídicos sobre as prerrogativas do juiz ou dos auxiliares da justiça tampouco poderão ser celebrados por ofensa ao limite subjetivo, ou seja, por desrespeito à relatividade dos efeitos do negócio.

Não poderão as partes, portanto – para além de todos os óbices que neste trabalho já apontamos –, celebrar negócios jurídicos processuais que fixem determinado juiz como uma específica *persona* julgadora e como a única competente para conhecer da lide.

O mesmo raciocínio, cremos nós, também se aplica à vedação de negócios jurídicos processuais que busquem indevidamente afastar a fundamentação das decisões, já que esse dever é incumbência de um terceiro, do Estado-juiz, e não das partes. Igualmente, o argumento se aplica para vedar eventuais negócios do artigo 190 do CPC/2015 que busquem forçar o juiz decidir a lide com base em leis outras, que não as brasileiras aplicáveis à espécie. Não se pode forçar o juiz a ter de conhecer ordenamentos e regramentos outros, que não aqueles aplicáveis à espécie nos moldes do ordenamento pátrio, até mesmo por questão de respeito à soberania nacional.

O mesmo se diga de negócios jurídicos que previamente fixem honorários de sucumbência em patamar outro que não ao máximo legal, ou que busquem excluir a fixação da verba, já que os honorários de sucumbência são direito do advogado, e não das partes que vierem a celebrar o negócio do artigo 190 do CPC/2015. É claro que se ambos os advogados atuantes na causa tiverem aquiescido com a regra estabelecida pelas partes, a regra será válida, em princípio, e aos advogados será impelida.

Em resumo, exemplos são vários, mas a regra é uma só: sempre que, por meio dos negócios jurídicos do artigo 190 do CPC/2015, pretender-se negociar direitos, prerrogativas, ônus, deveres e conexos de titularidade de terceiros, os limites possíveis de atuação dos negócios jurídicos processuais serão indevidamente ultrapassados, e, como regra geral, não se poderão admitir negócios jurídicos processuais com essa conformação.

---

[183] STJ – RHC 69988 – Rel. Min. Reynaldo Soares da Fonseca – Quinta Turma – Data do Julgamento 25/10/2016 – Data da Publicação 07/11/2016.

6. Negócios jurídicos processuais do artigo 190 em espécie

No decorrer de toda a nossa exposição, em todos os capítulos e tópicos do presente trabalho, buscamos analisar a figura dos negócios jurídicos processuais sob a lupa da identificação e da fixação de seus limites. No nosso sentir, logramos o intento e conseguimos identificar, categorizar e desenhar aqueles que entendemos que devam ser os limites da contratação dos negócios jurídicos processuais do artigo 190 do CPC/2015. Trata-se de limites que não poderão ser, como regra, ultrapassados, sob pena de o negócio jurídico processual não surtir em concreto os efeitos jurídicos almejados pelas partes.

Mesmo não sendo propriamente o objeto deste nosso estudo a análise de hipóteses concretas específicas dos inespecíficos e atípicos negócios jurídicos processuais (mesmo porque o engenho dos operadores paulatinamente irá criar hipóteses novas de cabimento, o que torna impossível abarcar todas essas possíveis situações em concreto), pretendemos aqui nesse capítulo cuidar ao menos das situações que mais têm demandado a atenção dos juristas em tempos atuais. Tudo isso buscando enquadrá-las no sistema de limites que desenvolvemos ao longo desta tese, admitindo-as ou repelindo-as, conforme tudo aquilo que explicitamos e defendemos no presente trabalho.

Nessa toada, trataremos da análise de negócios jurídicos processuais que digam respeito (i) à cláusula *non petendo*; (ii) ao direito probatório; (iii) aos recursos; (iv) a questões atinentes aos prazos processuais; (v) ao procedimento relacionado ao processo de execução; e (vi) a determinadas outras hipóteses.

6.1 Cláusula *non petendo*, *stay period* e limitação do objeto litigioso

Em razão do artigo 190 do CPC/2015 e da figura que este contempla, muito se tem discutido sobre a possibilidade de renúncia do direito de ação, de sua não execução pontual, ou mesmo de limitação do objeto litigioso. E muito do que se tem discutido a esse respeito veio à baila por meio da revisitação do conceito contemporâneo da cláusula *non petendo*.

A esse respeito, e sob o título *extinction des obligations*, Paul Girard[184] trata da cláusula *non petendo*, asseverando que

> La convention, le simple pacte éteint de plein droit, à l'époque ancienne, les obligations nées de délits, peut-être aussi, a-t-on dit parfois, l'obligation dont est tenur, pendant les soixante jours qui suivent la *manus injectio*, le débiteur détenu chez le créancier. Mais en dehors de la première exception, en dehors à la rigueur de la seconde, qui, si elle était parfaitement sûre, pourrait se ramener à la même idée, la simple convention était, dans l'ancien droit civil, aussi impuissante à éteindre les obligations qu'à les faire naître.

Estabelece ainda o autor, relativamente às condições da própria cláusula *non petendo*, que

> Le pacte de *non petendo* est une simple convention, exigeant exclusivement pour exister l'accord des volontés; en sorte qu'il peut conclure entre absents.[185]

---

[184] GIRARD, Paul Frédéric. *Manuel élémentaire de droit romain*. 8. ed. Paris: Dalloz, 2003. p. 759-762: "A convenção, o simples pacto extinguia, de pleno direito, no passado, as obrigações oriundas de delitos [extracontratuais], talvez também, como se diz às vezes, a obrigação exigida no período de sessenta dias que se segue à *manus injectio*, ou seja, à detenção do devedor pelo credor. Mas, fora da primeira exceção, e fora do rigor da segunda, que, se era perfeitamente certa, poderia se dirigir à mesma ideia: a simples convenção era, no antigo direito civil, tão incompetente para extinguir obrigações quanto para criá-las." (tradução nossa).

[185] "O pacto de *non petendo* é uma simples convenção, que para sua existência exigia apenas o acordo de vontades, de sorte que poderia até mesmo ser ajustada entre ausentes." (tradução nossa)

Na mesma linha são, as lições de Eugène Petit[186], para quem a cláusula de *non petendo* se traduz num *pacto de remissión*, o qual se verifica

> ...cuando el acreedor hace remisión de la obligación al deudor sin emplear formas solemnes. Basta el simple acuerdo; poco importa que sea expresado oralmente o por carta. La remisión también puede ser tácita: por ejemplo, cuando el acreedor ha restituído al deudor el escrito que era prueba del crédito (Paulo, L. 2, pr., y § 2, D., *de pact.*, II, 14).

Contudo, se a cláusula de *non petendo* – ou nas palavras de Petit, o *pacto de remissión* – de origem romana, em princípio somente teria aplicabilidade numa relação débito-crédito, por qual razão então estamos a tratar do tema sob o manto do artigo 190 do CPC/2015? Ademais, por que se discute a cláusula em conjunto com a noção de direito de ação e de sua possível (se possível for) renúncia?

O próprio Eugène Petit responde a esse questionamento, rememorando que

> El pacto de remisión es aplicable a toda clase de obligación. Pero no es más que una simples convención, a la cual el Derecho civil no reconoce en principio efecto extintivo[187].

Assim sendo, desde tempos imemoriais do Direito Romano, a cláusula de *non petendo* tem aplicabilidade sobre todas as espécies de obrigações. Por isso, uma vez que o CPC/2015 passou a admitir de maneira geral a contratação de cláusulas de natureza processual (procedimental), passou-se a discutir se a cláusula de *non petendo*, que é admitida em toda e qualquer espécie de obrigações, poderia ser contratada pelas partes no bojo de um negócio jurídico processual do artigo 190 do CPC/2015, com o objetivo de operar renúncia ao direito de ação, a limitar o objeto litigioso, ou mesmo a

---

[186] PETIT, Eugène. *Tratado elemental de derecho romano*. Traducido de la novena edición francesa por D. José Ferrández González. Madrid: Saturnino Calleja, [19–].p. 501 e seguintes: "Quando o credor` concede remissão em relação à obrigação do devedor sem empregar formas solenes. Um acordo simples é suficiente; Não importa se é expresso por via oral ou por carta. A remissão também pode ser tácita: por exemplo, quando o credor entrega ao devedor o documento que demonstra a existência do crédito" (tradução nossa).

[187] Idem. Ibidem: "O pacto de remissão é aplicável a toda a classe de obrigação. Contudo, não é mais que uma mera convenção que o direito civil não confere, em princípio, efeito extintivo".

impedir o exercício do direito de ação por determinado período de tempo (*stay period*).

Relativamente à cláusula de *non petendo* são as lições de Paula Costa e Silva, para quem o conteúdo da cláusula não pode ser o próprio direito, de modo que *non petendo* não deve ser confundido com remição, já que, em se tratando de obrigação por dívida, mesmo sob o manto do *non petendo*, a obrigação continuará sendo pagável.[188]

Acerca da eventual conjugação entre a cláusula de *non petendo* e uma possível limitação do exercício do direito de ação, assevera a jurista, na linha do quanto já pudemos identificar ao tratar dos direitos indisponíveis (direitos fundamentais) que

> A disposição realizada através de um *pactum de non petendo* não pode igualmente incidir sobre o direito de acesso à tutela jurisdicional (art.4/20 da Constituição da República portuguesa). O direito de acesso aos tribunais consiste num direito fundamental, respeitante às relações de cidadania e invocável pelos particulares perante o Estado (...).
> O *pactum de non petendo*, bem como outros contratos com efeitos análogos, incide sobre a pretensão jurídico-material ou, noutras palavras, sobre a possibilidade de exigir o cumprimento da obrigação. Em suma, o *pactum de non petendo* não tem normalmente como objeto (apenas) a tutela jurisdicional do direito, mas antes a própria pretensão jurídico-material.[189]

Quanto aos argumentos contrários à limitação do direito de ação por meio da cláusula de *non petendo*, conclui a jurista lusitana no sentido de que

> É frequentemente invocado o argumento de que a exclusão contratual da pretensão da tutela jurisdicional deve ser considerada como inadmissível, na medida em que a mesma tem por destinatário o Estado, estando, por essa razão, subtraída ao poder de disposição das partes. (...). De resto, caso se considerasse que um negócio deste tipo compreenderia uma renúncia ineficaz ao direito de acesso aos tribunais, dificilmente poderia ser considerada como admissível, a celebração de convenções de arbitragem (...). A admissi-

---

[188] SILVA, Paula Costa e. "*Pactum de non petendo*: exclusão convencional do direito de acção e exclusão convencional da pretensão de direito material". IN CABRAL, Antonio do Passo; NOGUEIRA, Pedro Henrique (Coord.). *Negócios processuais*. 1. ed. São Paulo: Juspodivm, 2015. p. 311.
[189] Idem. p. 312.

bilidade de uma renúncia extrajudicial ao direito de acção prévia à dedução de certo pedido é derivada directamente do princípio dispositivo: as partes podem dispor – por todos os meios que não sejam afectados pelos excepcionais limites à autonomia privada – quer dos factos compreendidos no objecto do processo, quer do próprio direito que os mesmos fundamentam, quer ainda do direito de o fazer valer processualmente.[190]

Desse modo, guardadas as diferenças de pensamento, parece-nos que o entendimento da jurista portuguesa acima destacado comunga com o que já expusemos no presente trabalho. Portanto, a cláusula *non petendo* – para ser considerada como válida no que toca ao direito de ação – não poderá dizer respeito a uma situação em abstrato, ao núcleo, ou seja, à dimensão objetiva do direito fundamental, tal como identificado por Letícia de Campos Velho Martel e por nós aqui neste trabalho já apontado.

A eventual renúncia não é do direito de ação, pois aquela seria impossível por afrontar um dos limites impostos à contratação do negócio jurídico processual (direitos indisponíveis).

Caso se admita a cláusula *non petendo* no sentido de que ela possa também ter por objeto certas dimensões do fundamental direito de ação – e nossa inclinação é por essa admissão –, ela somente poderá dizer respeito à dimensão subjetiva do referido direito fundamental. Em outras palavras, só poderá ser atinente a uma posição concreta que esteja sendo ocupada por uma das partes. Não se pode, desse modo, falar em renúncia ao direito de ação (mesmo porque um negócio jurídico como tal sequer diria respeito a procedimento, afrontando uma das condições de validade e limites por nós também já identificadas), mas, sim, de renúncia ao fundamento de eventual pedido, a um aspecto concretamente identificado do pedido que porventura possa ser formulado por uma das partes. Isso claramente terá impactos no procedimento, adequando-se, portanto, esse eventual negócio jurídico processual a tudo quanto até agora já defendemos.

Como alerta Paula Costa e Silva, admitir a cláusula *non petendo* é reconhecer, em termos absolutos, a operacionalização do princípio dispositivo. É reconhecer que as partes podem dispor de determinados fatos compreendidos no objeto do processo ou mesmo do próprio direito em que eles se fundamentam, o que pode ter – e normalmente tem – impactos processuais, mor-

[190] Idem. p. 315-324.

mente no aspecto procedimental, já que a exclusão de determinado pedido ou fundamento vai diretamente alterar a marcha processual.

Ademais, a regra do deduzido dedutível que segue albergada em nosso ordenamento nos termos do artigo 508 do CPC/2015 reforça a possibilidade de o negócio jurídico processual abarcar determinadas cláusulas *non petendo*. Isso porque nosso sistema aceita, por conta do deduzido dedutível, que aquilo que não for oportunamente alegado precluirá no curso do processo em razão do trânsito em julgado. E, se assim é, por que se não admitir que essa exclusão ou manipulação do objeto litigioso possa vir a ocorrer antes da demanda e por ato voluntário das partes?

Pelo que vimos, então, a clausula *non petendo* pode ter ao menos 2 (dois) aspectos, sendo que um deles permitiria às partes modular o objeto litigioso desde que respeitados todos os limites e condições que já expusemos neste trabalho, ao passo que o outro aspecto autorizaria a suspensão do exercício do direito de ação por determinado período de tempo ou sob certa condição.

O primeiro aspecto da cláusula de *non petendo* já foi tratado neste tópico, restando então analisarmos a outra vertente, que é a de se impor termo, modo ou encargo para o exercício do direito de ação. Novamente aqui ressaltamos a impropriedade de afirmar-se que o direito de ação poderá ser privadamente negociado pelas partes, já que, como vimos, cremos que apenas determinada pretensão concreta e identificada na dimensão subjetiva do direito de ação é que poderá ser objeto de negociação entre as partes.

Parece-nos que, com efeito, essa hipótese até mesmo já é albergada pelo nosso sistema, e assim o é muito antes de se cogitar do artigo 190 do CPC/2015.

No âmbito das recuperações judiciais da Lei 11.101/2005, por exemplo, uma vez deferido o processamento da ação, será, ato contínuo, determinada a suspensão do andamento de todas as ações e execuções porventura existentes contra a empresa recuperanda, não se podendo exercer na plenitude o direito que se tem contra a devedora, nos termos dos artigos 6º., 49, §3º. e 52, III do aludido diploma e reconhecendo-se, assim, que o *stay period* inerente à cláusula *non petendo* já foi há bastante tempo recepcionado pelo ordenamento pátrio.

A situação, ressalte-se, era igualmente prevista na antiga Lei de Falências e Concordatas (Decreto-lei 7661/1945), nos termos do artigo 161, § 1º., II; ou seja, há bastante tempo, nosso ordenamento já admite, *mutatis mutandis*, um *non petendo* forçoso e mesmo contrário aos interesses dos titulares do direito de ação.

Parece-nos, ainda, que a análise do processo de recuperação judicial reforça também o primeiro aspecto que destacamos da cláusula *non petendo*, já que o plano de recuperação judicial, uma vez aprovado em assembleia e posteriormente homologado, constitui verdadeiro acordo entre as partes, impedindo a propositura de novas ações contra a empresa devedora, e até mesmo ensejando a extinção de ações já propostas. Isso inclui mesmo aqueles credores que votaram contra o plano e que pretendiam seguir exercendo seu direito de ação contra a empresa recuperanda, mas, contra sua vontade, não mais poderão fazê-lo.

Ora, se nosso sistema admite restrições já há bastante tempo a certos aspectos do direito de ação até mesmo contra aquele que expressamente vota contra o plano de recuperação judicial, solapando inclusive o direito autônomo do credor específico, porque não se admitir que quem assim deseja proceder possa negociar, por vontade própria, determinados aspectos concretos, inseridos na dimensão subjetiva desse direito fundamental?

Mais ainda: ao optarem as partes pelo procedimento arbitral em substituição ao judicial, igualmente se admite, de certo modo, um *non petendo* judicial que é substituído pelo arbitral. E, novamente, parece-nos que, caso se admita uma hipótese, há que se admitir a outra. Nesse diapasão, se nosso sistema admite a total extirpação de uma lide da apreciação diretamente pelo judiciário representado pelo Estado-juiz, por que não admitir, por meio do negócio jurídico processual do artigo 190 do CPC/2015, que determinados aspectos da lide especialmente relacionados ao pedido e seus fundamentos também o sejam?

Diante de tudo quanto aqui pudemos expor e analisar, cremos que, estando respeitadas as regras, as condições e os limites que identificamos no presente trabalho, será possível a contratação do *non petendo* por meio de negócios jurídicos processuais do artigo 190 do CPC/2015.

6.2 Provas

O artigo 373, §§ 3º. e 4º., do CPC/2015 traz em seu bojo, expressamente, a autorização legal para que as partes possam negociar determinadas matérias no campo probatório, o que caracteriza, como já vimos, hipótese de negócio jurídico processual típico, nos mesmos moldes do que o CPC/1973 já contemplava

Art. 373. O ônus da prova incumbe:
(...)
§ 3º A distribuição diversa do ônus da prova também pode ocorrer por convenção das partes, salvo quando:
I – recair sobre direito indisponível da parte;
II – tornar excessivamente difícil a uma parte o exercício do direito.
§ 4º A convenção de que trata o § 3º pode ser celebrada antes ou durante o processo.

A esse respeito ensinam Lucas Buril e Ravi Peixoto que

> As convenções acerca do ônus da prova são negócios processuais que têm por objeto a distribuição específica e diferenciada da carga probatória, colocando-a de maneira distinta da regulada previamente em lei. Os sujeitos definem, de acordo com sua vontade, quem deve provar determinados fatos e, portanto, qual deles assumirá as consequências da ausência de prova sobre eles. A inspiração legislativa veio do Código Civil português e há previsão semelhante no Código Civil italiano.[191]

Havendo, portanto, previsão expressa que estabelece os limites de um negócio jurídico processual desse jaez, tal como se deflui da letra do artigo 373 do CPC/2015, a pergunta que se deve fazer é se, além das hipóteses tipificadas, outras existiriam em se tratando de direito probatório a serem negociadas pelas partes nos moldes do artigo 190 do CPC/2015, e entendemos que sim, que há outras hipóteses que não apenas as tipificadas em lei.

Antes, contudo, de tratarmos das hipóteses atípicas, apenas relembramos que ao se discutir o campo do direito probatório em sede de processo judicial, o que se está em jogo é uma questão sobre a verdade que dará fundamento à decisão, tema este, o da verdade, extremamente difícil de se lidar, tal como nos admoesta Beclaute Oliveira Silva

> A verdade é problema tormentoso na filosofia e também no direito. Durante muito tempo ela foi vista como correspondência com a realidade. No entanto, a mudança na percepção do real levou os teóricos a reverem seus conceitos, construindo novos modelos para expressar tal categoria, chegando-se mesmo a negar a utilidade de tal conceito. (...). Não será a verdade que está a ser

---

[191] MACEDO, Lucas Buril de; PEIXOTO, Ravi de Medeiros. "Negócio processual acerca da distribuição do ônus da prova". *Revista de Processo*. v. 241/2015. Mar / 2015. p. 463-487.

negociada, mas os meios para descobri-la ou construí-la, a depender da perspectiva adotada. (...) o problema da verdade no processo nada mais é que um dos critérios de legitimação da decisão jurídica com relação ao antecedente da norma de decisão. Não é o fim do processo, embora o sistema possa utilizá-la para estabelecer a decisão. (...). Nesse contexto não há nenhuma impropriedade em estabelecer critérios para se chegar a uma assertiva sobre o fato. Não é um negócio que fixa a verdade, mas um negócio que estabelece como o fato será provado".[192]

Acerca dos negócios jurídicos processuais sobre a matéria probatória, esclarece o jurista que não se quer, com esses ajustes, manipular a verdade ou mesmo o julgador, mas tão somente se reconhece que, observados os limites e as condições atinentes aos negócios dessa natureza, como vimos no decorrer deste trabalho, a autonomia da vontade também teria relativa aplicação também na seara probatória

> Não se está a defender que o magistrado seja manipulado pelas partes, mas que, quando as partes assim desejarem, elas possam usar sua liberdade para estabelecer como o fato pode ser fixado no processo judicial. Mas isso, sempre levando em consideração a ordem jurídica. O sistema mesmo põe limites, como, por exemplo, questão que verse sobre direito indisponível.[193]

Robson Renault Godinho – a esse mesmo respeito e defendendo a possibilidade de negócios jurídicos processuais outros acerca de matéria probatória que não apenas aqueles do artigo 373 do CPC/2015 – esclarece que

> (...) assim como o processo não é coisa das partes, também o processo e, especialmente, a prova tampouco são coisas do juiz. Até decisão final o processo é composto por afirmações de fato tendencialmente incertas, na medida em que cada postulante apresenta uma versão parcial (limitada e interessada) do fato. (...). O processo visa, portanto, a obter elementos para diminuir, até eliminar, esse estado de incerteza cognitiva. (...). A admissão dessas provas, contudo, não é absoluta e conta com limitações normativas relacionadas a questões procedimentais, a vedações de meios de prova,

---

[192] SILVA, Beclaute Oliveira. "Verdade como objeto do negócio jurídico processual". In: CABRAL, Antonio do Passo; NOGUEIRA, Pedro Henrique (Coord.). *Negócios processuais*. 1. ed. São Paulo: Juspodivm, 2015. p. 401.
[193] Idem. Ibidem.

impossibilidades materiais, ônus, presunções, relevância lógica e jurídica. A atividade probatória é, portanto, essencialmente limitada, de modo que o estabelecimento de limitações consensuais é apenas mais uma possibilidade autorizada pelo ordenamento. O rechaço aos acordos probatórios enseja na realidade uma recusa a admitir o autorregramento da vontade no processo e revela exacerbação do protagonismo judicial.[194]

Feitos os apontamentos que demonstram a possibilidade de negócios jurídicos processuais do artigo 190 em matéria probatória, quais então seriam essas hipóteses?

Pensamos que as partes, de comum acordo, poderiam – desde que observados todos os limites e admoestações que apresentamos no presente trabalho – abrir mão, por meio de negócios jurídicos processuais, da produção de determinados meios de prova, deixando-se de produzir em determinada lide prova específica, tal como a testemunhal, pericial ou mesmo o depoimento pessoal (a confissão dele decorrente restaria obstada, mas não estaria por outros meios, como o espontâneo ou aquele decorrente da não contestação de determinados fatos).

Desde que as partes estejam cientes dos riscos inerentes à não produção de determinado meio de prova no resultado final da lide, poderão fazê-lo dentro dos limites que aqui neste trabalho já expusemos. Portanto, não poderá ocorrer a contratação em abuso de direito (vide as condições de validade que aqui já analisamos neste trabalho).

Entretanto, o que se dizer sobre o juiz? Não é ele o destinatário da prova, podendo até mesmo de ofício determinar sua produção? Não seria então um negócio jurídico processual dessa natureza inválido, já que cuidaria de prerrogativas de um terceiro (no caso, o juiz), violando-se assim a força relacional dos contratos em geral à qual se submetem os negócios do artigo 190 do CPC/2015?

Cremos que o juiz sempre terá a prerrogativa, mesmo em havendo um negócio jurídico processual dessa natureza, de – no momento da convalidação e a despeito do ajuste das partes – determinar a produção da prova que as partes não pretendiam produzir, especialmente tendo em vista que o juiz, no mais das vezes, carece de conhecimentos técnicos em diversos cam-

---

[194] GODINHO, Robson Renault. "A possibilidade de negócios jurídicos processuais atípicos em matéria probatória". In: CABRAL, Antonio do Passo; NOGUEIRA, Pedro Henrique (Coord.). *Negócios processuais*. 1. ed. São Paulo: Juspodivm, 2015. p. 413.

pos do saber e depende de apoio especializado para poder decidir as mais diversas causas.

Contudo, em qualquer situação, com ou sem a contratação de negócio jurídico processual que vede a produção de determinado meio de prova, as partes poderão se negar a produzir as referidas provas e, por óbvio, arcarão com as consequências decorrentes do não cumprimento do ônus probatório.

Desse modo, como regra, o juiz não pode obrigar que sejam produzidas determinadas provas caso as partes, a quem incumbe a produção, se neguem a produzi-las. E a consequência daí advinda será casuística, mas muito provavelmente será desfavorável a quem tinha o ônus, mas deixou de provar.

E, se assim o é mesmo num cenário no qual não haja a contratação de negócio jurídico processual, desde que a contratação do negócio se dê dentro dos parâmetros desenhados neste trabalho, por que não se admitiria uma contratação entre partes da natureza em questão?

Parece-nos que não há motivos para essa negativa, levando-nos a crer que, em princípio e guardadas as particularidades dos casos em concreto, será possível a contratação de um negócio jurídico processual com o objeto referido.

Poderiam as partes, também, por exemplo, alterar a ordem de oitiva das partes e testemunhas em audiência, estabelecer de maneira prévia quais quesitos seriam ou não permitidos, ou até que ponto eles seriam admitidos, entre outros hipotéticos exemplos de negócios processuais sobre matéria probatória.

Todavia, não conseguimos admitir um negócio jurídico processual que busque alterar a hierarquia legal das provas, porque, ao menos no nosso sentir, a norma a esse respeito é cogente e um negócio como o aludido afrontaria a intransponível linha vermelha que anteriormente logramos identificar.

Por fim, apenas ressaltamos que todo e qualquer negócio jurídico processual referente a direito probatório deverá pautar-se nas próprias regras trazidas pelo já mencionado artigo 373 do CPC/2015, as quais nada mais representam do que vertentes de tudo quanto aqui já mencionado acerca dos limites e das condições atinentes a todos os negócios jurídicos processuais. Portanto, não se poderão negociar direitos indisponíveis (com as ressalvas que já apontamos a esse respeito, especialmente quanto às noções de abusividade e vulnerabilidade), bem como não de admitirá negócio jurídico sobre matéria probatória que venha a tornar excessivamente difícil o exercício do direito por qualquer das partes.

6.3 Recursos

Quanto a eventuais negócios jurídicos processuais a respeito de matéria recursal, cremos – firmes em tudo quanto aqui já expusemos, especialmente no que toca aos limites relacionados à normas cogentes e direitos indisponíveis – que não se poderá cogitar da possibilidade de as partes criarem e tampouco extirparem um específico recurso abstratamente considerado do âmbito de determinada lide.

Assim sendo, por meio de negócios jurídicos processuais, as partes não poderão criar nem extinguir categorias de recursos, porque, se assim o fizerem, estarão a negociar matéria que não admite autocomposição. Melhor dizendo, e como já foi tratado sobre direitos indisponíveis, as partes estarão dispondo de algo que não possuem, que são os direitos e prerrogativas situados na dimensão objetiva dos direitos indisponíveis (a esse respeito, vide o capítulo 5.1.3 deste trabalho).

Não obstante, parece-nos que, dentro dos limites da dimensão subjetiva dos direitos indisponíveis, a questão dos recursos – que se desenvolve sob o manto do direito fundamental ao duplo grau de jurisdição – poderia ser modulada pelas partes, sem que com isso se estivesse a ferir garantias e direitos indisponíveis, na linha de tudo quanto já defendemos nos capítulos antecedentes.

Na linha do que já tivemos oportunidade de discutir nesta obra, as partes poderiam estabelecer que não haveria, por exemplo, a possibilidade de interposição de recurso contra uma situação específica, somente se determinada decisão confirmasse determinado direito, ou viesse a confirmá-lo (ou não) de determinada forma antecipadamente prevista pelas próprias partes.

Como exemplo, pensemos numa ação de despejo. As partes – em tese, e sob o império do artigo 190 do CPC/2015 –, poderiam, no nosso sentir, estabelecer que, em sendo interrompido o pagamento dos aluguéis sem justo motivo, proposta a ação de despejo com base nessa ocorrência e deferido o despejo liminar, o devedor não poderia manejar recurso ou medida assemelhada contra a liminar de despejo eventualmente concedida.

Cremos que a ação em questão cuida de direitos que admitem autocomposição e que, ademais, a renúncia prévia a um recurso em concreto, baseada em uma situação específica, não importaria renúncia ao direito indisponível do duplo grau de jurisdição abstratamente considerado.

Contudo, caso o fundamento da ação seja outro que não a falta de pagamento e caso a liminar se funde em objeto igualmente outro, nesse nosso exemplo – por não terem negociado, já que seria impossível eventual renúncia ao direito ao duplo grau de jurisdição em abstrato considerado – será plenamente possível a interposição do recurso sem que se afronte ao eventual negócio jurídico processual contratado.

Mesmo que não haja um negócio jurídico processual com essas características, e mesmo que não se admita essa hipótese, não se perca de vista que nosso sistema já reconhece, em determinadas situações, a supressão ao duplo grau de jurisdição, especificamente à interposição de determinados recursos em situações em concreto, sem que com isso se cogite de afronta a direitos e princípios fundamentais e indisponíveis.

A esse respeito Paulo Mendes de Oliveira recorda que

> (...) é possível identificar no ordenamento processual em vigor exemplos em que o legislador previu procedimentos de instância única, como ocorre nas execuções fiscais, cujo valor não ultrapasse 50 OTNs, nos termos do art. 34 da Lei nº 6.830/1980, em que não se admite recurso de apelação para o tribunal. Igualmente limitador do duplo grau de jurisdição era o art. 518, § 1º, CPC/73, estabelecendo que não será admissível apelação quando a sentença estiver baseada em súmula do STJ ou do STF.
>
> Por não consubstanciar uma imposição constitucional, igualmente válida é a supressão de instância em situações em que a lei prevê que o julgamento do mérito pode ser inaugurado no tribunal, apenas de a causa ter sido instaurada em primeira instância. É o que ocorria no art. 515, § 3º., do CPC/73 (...)[195]

E arremata concluindo que

> A fundamentação antes desenvolvida permitiu compreender que, no ordenamento jurídico brasileiro, não há inconstitucionalidade na supressão, por ato legislativo, do duplo grau de jurisdição. Disso decorre que a possibilidade de revisão da decisão por um tribunal não integra o *iter* necessário ao cumprimento pelo Estado do seu dever de prestar a jurisdição.[196]

---

[195] OLIVEIRA, Paulo Mendes de. "Negócios processuais e o duplo grau de jurisdição". In: CABRAL, Antonio do Passo; NOGUEIRA, Pedro Henrique (Coord.). *Negócios processuais*. 1. ed. São Paulo: Juspodivm, 2015. p. 417-443.
[196] Idem. p. 437.

Ainda no mesmo sentido, lembramos que a arbitragem, como regra, não admite recurso para uma segunda instância contra a decisão final, igualmente não se cogitando de afronta ao duplo grau.

Em vista de todo o exposto, cremos que um negócio jurídico com o viés por nós aqui analisado – respeitados os limites e condições que logramos identificar neste trabalho – é factível e, em princípio, deve ser admitido.

6.4 Prazos

Os negócios jurídicos processuais que digam respeito a adequações de iniciativa das partes relacionadas aos prazos processuais são aqueles autorizados expressamente pelo artigo 191 do CPC/2015, que assim dispõe

> Art. 191. De comum acordo, o juiz e as partes podem fixar calendário para a prática dos atos processuais, quando for o caso.
> § 1º O calendário vincula as partes e o juiz, e os prazos nele previstos somente serão modificados em casos excepcionais, devidamente justificados.
> § 2º Dispensa-se a intimação das partes para a prática de ato processual ou a realização de audiência cujas datas tiverem sido designadas no calendário.

Trata-se, portanto, de figura típica de negócio jurídico processual, que não é propriamente daquelas analisadas no presente trabalho, pois aqui focamos nossos esforços na análise das figuras atípicas do artigo 190 do CPC/2015.

Contudo, apenas relembramos que – mesmo no tema dos negócios jurídicos processuais que digam respeito a prazos, ou seja, mesmo em assuntos atinentes à calendarização processual do artigo 191 –, as regras gerais e limites que desenhamos no presente trabalho também deverão ser observadas, pois, como já apontamos, o artigo 190 é regra geral que se aplica a todo e qualquer negócio processual, mesmo aos típicos.

No que se refere à calendarização processual do artigo 191, reportamo-nos às lições de Eduardo José da Fonseca Costa a esse respeito, com o objetivo de afirmar e de esclarecer que

> Se bem que se trate de institutos afins, o *1) acordo de calendarização* e o *2) acordo de procedimento* não são confundíveis. (1) No *acordo de procedimento*, as partes definem quais atos praticarão, bem como a forma e a sequência desses atos, mas não vinculam necessariamente cada um deles a uma data-limite. (...).
> (2) Já o *acordo de calendarização* tem autonomia ontológica. Muitas vezes, ele

pode funcionar como *pacto adjeto* a um acordo de procedimento. Com outras palavras: após as partes inventarem um procedimento, podem elas submetê-lo a um cronograma e vincular a realização de cada ato a uma data-limite preestabelecida. Aqui, a natureza *acessória* do acordo de calendarização é indisfarçável, pois ele reflexamente se desconstituirá caso se desconstitua o acordo de procedimento. Não por outra razão o novo CPC traz o acordo de procedimento no artigo 190 e a calendarização no artigo 191. Ainda assim, é possível que as partes decidam não criar procedimento, mas aproveitar o procedimento padrão previsto em lei e vincular cada um dos seus atos a datas precisas. (...) Tanto o acordo de calendarização quanto o acordo de procedimento são *negócios jurídicos processuais*. No primeiro, a autonomia da vontade modela a estrutura procedimental; no segundo, ela define o ritmo do desenvolvimento procedimental. Ambas imprimem ao processo uma lógica *arbitral* e tiram a condução procedimental do *comando autoritário*, transportando-a para a esfera do *consenso amigável*.[197]

Desse modo, se a calendarização do artigo 191 do CPC/2015 é negócio jurídico processual, ela também deverá submeter-se à regra do artigo 190 do mesmo diploma.

6.5 Execução

Já vimos no presente trabalho que as partes não podem alterar regras inerentes ao processo que não digam respeito à sua faceta mais apreensível, que é o procedimento, ou melhor, à marcha, ao caminho que se deve trilhar para que o processo ultime os fins que por ele são perseguidos.

E nesse diapasão, informamos na oportunidade que, por exemplo, um documento que por lei não detém as caraterísticas mínimas a amparar uma ação de execução (contrato de abertura de crédito em conta corrente, p. ex.), não passará a deter tais condições por só ato de vontade das partes, de modo que um determinado negócio jurídico processual não terá o condão de alterar o processo pelo qual obrigatoriamente deverá ser processada determinada lide, limitando-se apenas a alterar regras procedimentais dentro do que for o cabível.

---

[197] COSTA, Eduardo José da Fonseca. "Comentários ao artigo 191". In: CÂMARA, Helder Moroni (Coord.). *Comentários ao novo Código de Processo Civil*. 1. ed. São Paulo: Almedina, 2016. No prelo.

Desse modo, feitas essas admoestações, e dada a importância do processo de execução, optamos por tratar de eventuais negócios jurídicos processuais atípicos em tal âmbito, mas não lograremos ser exaustivos a esse respeito, por impossível que seria.

Cremos então que no âmbito do processo de execução, e mirando o procedimento, as partes poderiam, por exemplo, de plano estabelecer quais bens seriam penhorados (o que não é novidade e desde sempre já era algo possível de se estabelecer), podendo ainda as partes fixar o modo pelo qual se dará a expropriação dos bens, autorizando-se até mesmo, por negócio jurídico processual e a depender da natureza dos bens a serem penhorados, a alienação antecipada destes ou mesmo sua adjudicação imediatamente após o ato de constrição (observadas as condições antecedentes de validade de toda e qualquer adjudicação).[198]

O Tribunal de Justiça do Estado de São Paulo corrobora nossa tese, ao assim decidir

> EXECUÇÃO DE TÍTULO EXECUTIVO EXTRAJUDICIAL – Acordo levado a efeito entre as partes, com previsão de penhora sobre imóveis oferecidos pelos executados – Viabilidade – Com o advento do novo CPC, é possível as partes celebrarem negócio jurídico processual, amoldando as normas processuais de acordo com os seus interesses – Inteligência do art. 190 do CPC/2015 – Composição que preserva os interesses das partes, bem como encontra arrimo no artigo 774, inciso V, e art. 829, § 2º, do CPC/2015 – Decisão reformada – Recurso provido.[199]

Poderiam as partes também, no nosso sentir, concordar com a prévia avaliação dos bens a serem penhorados, ou de bens dados em garantia, medida esta que, com o advento do artigo 190 do CPC/2015, paulatinamente afastaria o entendimento contrário, que mesmo com a prévia avaliação de bens dados em garantia afastava a aplicação do artigo 1.484 do CC e determinava nova avaliação.[200]

---

[198] CÂMARA, Helder Moroni. *A nova adjudicação na execução civil*. Florianópolis: Conceito Editorial, 2013.

[199] TJSP – Agravo de Instrumento 2118535-58.2017.8.26.0000 – Des. Rel. Paulo Pastore Filho – 17ª Câmara de Direito Privado – Data do julgamento: 30/11/2017 – Data de publicação: 30/11/2017.

[200] STJ – AgRg no REsp 1163585/RS – 3ª. T. – Rel. Min. Ricardo Villas Bôas Cueva – j. 17/10/2013: "A avaliação do bem imóvel objeto da penhora é indispensável nas execuções

Respeitados os limites e condições que delineamos nesta obra, e desde que não haja prejuízos a terceiros decorrentes de eventuais acordos entre partes que busquem fraudar os direitos e interesses de outros interessados, as possibilidades de ajustes processuais em sede de processo de execução são inúmeras e certamente colaborarão para uma maior celeridade e economia processual com vistas a extirpar do sistema os efeitos do calcanhar de Aquiles que reside exatamente no âmbito das execuções.

O Tribunal de Justiça de São Paulo, por exemplo, já reconheceu a possibilidade de transação em sede de processo de execução que implique na suspensão, e não na extinção do feito, o que afastou, no caso em concreto, a vetusta discussão acerca do tema

> TRANSAÇÃO – Execução de título extrajudicial embargada – Celebração de acordo – Pedido expresso das partes no sentido de suspensão da execução pelo prazo de cumprimento da avença – Possibilidade de celebração de negócio jurídico processual – Inteligência do art. 922, do Código de Processo Civil/2015: – Possível a homologação de acordo celebrado em execução de título extrajudicial embargada, sem a extinção da execução, pois formulado o pedido com fulcro no art. 922, do novo Código de Processo Civil, consistente em hipótese de negócio jurídico processual, a permitir a suspensão da execução por prazo indeterminado, até o regular cumprimento da avença. RECURSO PROVIDO.[201]

Tanto assim o é que o então Ministro da Justiça Márcio Thomaz Bastos, com o objetivo de pontuar a séria necessidade de implementação de inovações no sistema processual civil pátrio, asseverou, com bastante propriedade, na exposição de motivos da Lei n. 11.382/2006, que

> é tempo, já agora, de passarmos do pensamento à ação em tema de melhoria dos procedimentos executivos. A execução permanece o "calcanhar de Aquiles" do processo. Nada mais difícil, com frequência, do que impor no

---

regidas pelo Código de Processo Civil, independentemente do valor anteriormente acordado pelos interessados. Precedentes

[201] TJSP – Apelação 1008941-98.2016.8.26.0344 – 13ª Câmara de Direito Privado – Data do julgamento: 16/10/2017 – Data de publicação: 16/10/2017.

mundo dos fatos os preceitos abstratamente formulados no mundo do direito.[202]

E especialmente sem sede de processo de execução cremos que os acordos, os negócios jurídicos processuais deverão pautar-se pelas admoestações acima.

6.6 Outras hipóteses

Com relação a outras tantas hipóteses de negócios jurídicos processuais atípicos, entendemos que, uma vez respeitados os limites que delimitamos nesse trabalho, e observadas também as condições de validade, poderão ser delineadas as mais diversas hipóteses de negócios jurídicos de índole processual, razão pela qual tratar de outras hipóteses além das que aqui já analisados é tarefa verdadeiramente sísifa.

Contudo, cremos ser importante para nosso trabalho ao menos mencionar algumas dessas outras hipóteses que tem sido agitadas no meio jurídico, especialmente porque entendemos que tais hipóteses, no mais das vezes, não poderiam ser admitidas em nosso sistema.

O Fórum Permanente de Processualistas Civis (FPPC), encontro realizado esporadicamente entre estudiosos do tema, e que tomou corpo conforme o avançar do processo legislativo que culminou no CPC/2015, emitiu alguns enunciados, dentre os quais o de número 21, que assim preconiza

> (art. 190) São admissíveis os seguintes negócios, dentre outros: acordo para realização de sustentação oral, acordo para ampliação do tempo de sustentação oral, julgamento antecipado do mérito convencional, convenção sobre prova, redução de prazos processuais.[203]

Contudo, respeitado o posicionamento contrário do próprio FPPC, não cremos seja possível que o negócio jurídico processual possa ampliar o tempo de sustentação oral, em primeiro lugar por conta dos limites subjetivos e da relatividade dos efeitos de todo e qualquer negócio jurídico, isto porque não podem as partes impelir ao tribunal, seja ele qual for, uma regra parti-

---

[202] BRASIL. Ministério da Justiça. Exposição de Motivos n. 00034. Disponível em: <www.trf4.jus.br/trf4/upload/arquivos/emagis_prog_cursos/projeto_de_lei_3523-2004.pdf>. Acesso em: 30/12/2015.

[203] Disponível em: <http://portalprocessual.com/wp-content/uploads/2015/06/Carta-de-Vit%C3%B3ria .pdf>. Acesso em: 30/12/2015.

cular em contraposição à regra posta no regimento interno, especialmente tendo em vista que o tribunal não tomou parte do negócio jurídico processual em hipótese considerado.

Ademais, entendemos que um acordo entre partes não tem o condão de derrogar norma interna dos tribunais, que diz respeito não apenas às ditas partes, mas a todos que serão afetados por determinada sessão de julgamento: alterar privadamente o tempo de sustentação oral, aumentando-a, é medida que vai afetar inúmeros terceiros que podem vir a ser prejudicados e até mesmo poderão ter seus recursos e ações julgados em sessão outra que não aquela para a qual originariamente agendado o julgamento, o que não se deve admitir.

Uma outra hipótese que vem sendo cogitada é a das partes, em processo judicial, poderem eleger lei ou regulamento outro, que não o próprio código de processo civil, como regramento a ser observado pelo julgador na condução da lide que lhe for submetida

> A possibilidade de escolha da lei, tanto no que tange ao direito material, quanto ao direito processual, consagra o princípio da autonomia da vontade, prestigiado em grau máximo pelo legislador no diploma referente à arbitragem. Nesse sentido, as partes podem eleger leis já existentes, bem como podem disciplinar, por si mesmas, o procedimento a ser seguido. Podem, ainda, optar pela adoção de regulamentos de câmaras arbitrais. Contudo, mesmo nesta hipótese, o poder de negociação e de autorregulamentação das partes predomina, de modo a poderem, ainda assim, derrogar certas regras da instituição, em favor do melhor interesse da causa.[204]

Contudo, cremos que também essa hipótese não pode ser admitida, tendo em vista que a própria letra do artigo 190 do CPC/2015, no nosso entender, não deixa espaços para uma interpretação assim tão ampla. Veja-se que o referido dispositivo de lei estabelece que as partes poderão tão somente "estipular mudanças no procedimento para ajustá-lo às especificidades da causa e convencionar sobre os seus ônus, poderes, faculdades e deveres processuais", mas não diz que poderão as partes escolher um procedimento completamente estranho àquele previsto no código.

---

[204] MAZZEI, Rodrigo; CHAGAS, Bárbara Seccato Ruis. "Breve diálogo entre os negócios jurídicos processuais e a arbitragem". *Revista de Processo*. v. 237/2014. Nov / 2014. p. 223-236.

As partes poderão adaptar o procedimento posto, aquele previsto no código de processo civil. E tão somente isso. Qualquer outra asserção a esse respeito é deturpar o próprio texto da lei ora analisado.

Não obstante, não nos parece que o juiz, como terceiro, estará obrigado a sujeitar-se a um regulamento outro que não o do código de processo civil, repousando então na relatividade dos efeitos do negócio jurídico processual mais um óbice a tal hipótese.

Ademais, não nos parece que tal matéria é daquelas insertas no âmbito do que pode ser considerado passível de autocomposição: nosso sistema, além de tudo, é bastante claro ao estabelecer que as lides entre partes poderão ser solucionadas por meio judicial, na forma do CPC/2015, ou por meio arbitral, devendo as partes escolher um ou outro procedimento, não lhes sendo permitido criar um procedimento, mas apenas adaptar aquele já existente dentro dos limites existentes para tanto.

Uma outra hipótese que nos chegou a conhecimento diria respeito à pretensa possibilidade de as partes poderem escolher, por meio dos negócios jurídicos processuais, não o foro no qual será julgada e processada a lide, mas sim a pessoa do julgador, ou seja, admitir-se-ia, como se possível fosse, um negócio jurídico processual para eleição do juiz.

E a esse respeito já afirmamos aqui mesmo neste trabalho que não poderão as partes celebrar um negócio jurídico de tal jaez, pois um ajuste como tal afeta direitos, garantias e prerrogativas de terceiros, no caso, do juiz, e por aplicação do princípio da relatividade dos efeitos de todo e qualquer contrato não se poderia, *ab initio*, cogitar de tal hipótese.

Ademais, essa hipótese, no nosso entender, fere em abstrato a garantia constitucional do juiz natural, o que igualmente faz com que tal ajuste seja juridicamente inválido por afronta a direito indisponível (afronta à dimensão objetiva de tal direito, que não é de titularidade das partes, como já vimos).

E não suficiente, um negócio jurídico com tal objeto poderia encerrar verdadeiro ato de conluio entre as partes para fins de prejudicar terceiros, o que igualmente não se pode admitir.

Desse modo, então, o negócio jurídico do artigo 190 do CPC/2015, como já tivemos oportunidade de apontar, é não apenas o ato processual pelo qual as partes, antes ou depois do processo, manifestam sua vontade de modificar ou extinguir determinadas normas procedimentais, com o objetivo de adaptar o procedimento da lide e ajustá-lo às especificidades da causa, convencionando-se sobre os ônus, poderes, faculdades e deveres processuais, cuja validade estará sempre sujeita ao crivo do Judiciário, mercê do artigo 1º. c/c § único do artigo 190 do CPC/2015, e do modelo constitucional do processo, mas também caracteriza, com todos esses predicados, regra geral a ser observada quando da contratação de todos os demais negócios jurídicos processuais típicos.

Neste sentido, e corroborando o quanto estamos aqui apontando, esclarecemos que não se faz possível às partes celebrar qualquer negócio jurídico, processual ou não, que seja pautado pela abusividade ou vulnerabilidade de qualquer delas, ou então que esteja afastado da submissão do império estatal jurisdicional, de modo que, ao menos no nosso sentir, e com base em tudo que já trouxemos aqui à baila, essa também é a noção que se deve ter do conteúdo do artigo 190 do CPC/2015.

Interessante notar que o Tribunal de Justiça do Estado de São Paulo reconheceu a possibilidade de as partes ajustarem, por meio de negócio jurídico processual, forma distinta de intimação para a prática de atos processuais. No caso, as partes não dispensaram a intimação, o que poderia gerar discussões e mesmo a invalidação do negócio por tudo quanto defendemos nesse trabalho, mas apenas e tão somente modificaram o procedimento a ser observado para realização do ato, o que entendemos ser absolutamente plausível e inserto dentro dos limites que nos propusemos a delinear

> I. Nada obstante a necessidade de intimação pessoal do devedor, para cumprimento voluntário do julgado, nos termos do artigo 475-J do CPC/73, no caso dos autos, as partes convencionaram que, eventuais intimações devem ser realizadas no endereço declinado na transação (fls. 40/41), ficando autorizado o recebimento por quaisquer terceiros que se encontrem no referido endereço. Ou seja, estipularam mudança no procedimento para ajustá-la a especificidade da demanda. II. O artigo 190, do Código de Processo Civil/ /2015 estabelece que, versando o processo sobre direitos que admitam autocomposição, é licito as partes plenamente capazes estipular mudanças no procedimento para justá-lo às especificações da causa e convencionar sobre os ônus, poderes e deveres processuais, antes ou durante o processo. Cabe ao juiz controlar a validade das convenções, recusando-lhes aplicação somente nos casos de nulidade ou de inserção abusiva em contrato de adesão ou em que alguma parte se encontre em manifesta situação de vulnerabilidade, a teor do parágrafo único, do art. 190, do CPC/2015. III. Considerando as peculiaridades do caso concreto, desnecessário a intimação pes-

soal, devendo prevalecer o convencionado em contrato (cláusula primeira, cf. fls. 40), ou seja, as intimações devem ser realizadas no endereço declinado no acordo pactuado, ficando autorizado o recebimento de intimação por quaisquer terceiros que se encontrem.[205]

Por meio dos negócios jurídicos processuais, e sob esse manto, as partes podem, também, celebrar transação judicial parcial, conforme já reconhecido pelo Tribunal Bandeirante

> AGRAVO. ARRENDAMENTO MERCANTIL. AÇÃO DE REINTEGRAÇÃO DE POSSE EMBASADA EM DOIS CONTRATOS. PEDIDO DE HOMOLOGAÇÃO DE TRANSAÇÃO RELATIVA A APENAS UM CONTRATO. INDEFERIMENTO SOB O ARGUMENTO DE QUE CAUSARÁ TUMULTO PROCESSUAL QUANTO AO OBJETO DA AÇÃO. DECISÃO REFORMADA. RECURSO PROVIDO, COM RESSALVA. Não há óbice à homologação da transação abrangendo apenas um contrato, com o prosseguimento da demanda em relação ao remanescente. Embora o ordenamento jurídico não contenha disposição expressa a respeito, também não impede a prolação de sentença homologatória para extinguir parcialmente o litígio instaurado entre as partes. Assim, é possível a transação parcial e respectiva homologação judicial no caso, uma vez que os pedidos cumulados na demanda são suscetíveis de fracionamento, cuidando-se, ainda, de direitos disponíveis e aparentemente partes civilmente capazes (art. 841 do CC), com a ressalva de que ao juiz caberá avaliar os demais aspectos intrínsecos e extrínsecos inerentes ao negócio jurídico processual realizado.[206]

No mais, e na linha do que aqui já estabelecemos, respeitados os limites e as condições de validade, cremos que inúmeras e variadas serão as hipóteses de cabimento dos negócios jurídicos processuais, que com o passar do tempo se tornarão cada vez mais comuns no processo civil pátrio.

---

[205] TJSP – Agravo de Instrumento 2045753-87.2016.8.26.0000 – Rel. Des. Luis Fernando Nishi – Órgão julgador: 32ª Câmara de Direito Privado – Data do julgamento: 22/09/2016 – Data de publicação: 22/09/2016.

[206] TJSP – Agravo de Instrumento 2219559-37.2014.8.26.0000 – Rel. Des. Adilson de Araujo – 31ª Câmara de Direito Privado – Data do julgamento: 27/01/2015 – Data de publicação: 29/01/2015.

Conclusões

Do trabalho que realizamos nesta tese pudemos chegar a algumas asserções, todas essas conducentes à formação da noção do que deverão ser os limites dos negócios jurídicos processuais do artigo 190 do CPC/2015.

Neste sentido, pudemos identificar que o processo civil brasileiro se insere dentro da noção de um modelo constitucional do processo, mercê da natureza jurídica de instituição constitucional que deve ser atribuída ao processo.

Identificamos também que o CPC/2015 busca atribuir uma relevância maior à autonomia da vontade das partes, nos moldes do que vem se observando nos mais diversos sistemas legais mundo afora.

Um dos exemplos da maior relevância da autonomia da vontade no bojo do CPC/2015 é justamente a figura do negócio jurídico processual, conforme prevista pelo artigo 190 do mencionado diploma.

Tamanha a relevância que o CPC/2015 deu à autonomia da vontade, que se tem falado no surgimento do denominado princípio do autorregramento. Contudo, como pudemos ver, não cremos que exista tal princípio ou mesmo que o CPC/2015 tenha albergado tal figura. Em verdade, cremos nós, o que existe é tão somente uma maior aplicabilidade e amplitude do velho conhecimento princípio da autonomia da vontade em matéria processual/procedimental, não sendo necessário cogitar-se de um novo princípio para reconhecer-se tal fenômeno.

A maior aplicação da autonomia da vontade, conforme preconizado pelo CPC/2015, não é medida que fere ao modelo constitucional do processo, nem mesmo sua natureza jurídica, isto porque é plenamente possível a compatibilização de todas essas noções, especialmente tendo em vista que a maior autonomia da vontade decorrente dos negócios jurídicos processuais do artigo 190 do CPC/2015 é medida constitucional, como pudemos identificar neste trabalho, razão pela qual tal figura, por ser sido albergada pelo modelo constitucional do processo, é válida, regular, e deverá ser aceita mesmo sob a noção publicista do processo.

No caminho que optamos trilhar para a identificação dos limites do negócio jurídico processual do artigo 190 do CPC/2015, pudemos aferir que tal figura se faz presente em diversos sistemas estrangeiros, dentre os quais o alemão, o norte-americano, o francês, o inglês, o italiano e português, sendo possível identificar em todos eles, com maior ou menor amplitude, um ponto a todos comum, verdadeira linha vermelha que não pode ser ultrapassada, sob pena de invalidade: as normas cogentes e os direitos indisponíveis.

No direito pátrio, mesmo antes do CPC/2015 já existiam negócios jurídicos processuais, não se caracterizando a figura do seu artigo 190 uma novidade absoluta: a novidade decorre da sistematização que se deu a essa figura, e à sua maior amplitude de ocorrência, já que com o advento do novo *códex* e do seu artigo 190 criou-se expressamente a modalidade dos negócios jurídicos processuais atípicos.

Quanto à sua natureza jurídica, vimos que os negócios jurídicos processuais do artigo 190 se caracterizam por ato jurídico, na modalidade negócio jurídico, com todas as características (elementos, condições e que tais) dos negócios jurídicos em geral, mas que tem por objeto a matéria limitada pelo artigo 190 do CPC/2015.

No que se refere ao seu conceito, vimos que negócio jurídico processual é, na qualidade de ato processual, aquele ato pelo qual as partes de um determinado processo em andamento ou de uma relação jurídica ainda não litigiosa, mas vislumbrando a possibilidade de uma futura demanda, desejam criar, modificar ou extinguir determinadas normas procedimentais, dentro dos limites permitidos para tanto, com o objetivo de adaptar o procedimento da lide e ajustá-lo às especificidades da causa, convencionando-se sobre os ônus, poderes, faculdades e deveres processuais, antes ou durante o processo, cuja validade estará sempre sujeita ao crivo do Judiciário, mercê do artigo 1º. c/c § único do artigo 190 do CPC/2015, e do modelo constitucional do processo.

Ademais, concluímos e demonstramos que a regra do artigo 190 é geral e deve ser observada em toda e qualquer hipótese de negócios jurídicos de índole processual, mesmo naqueles típicos, ou seja, naqueles previstos em lei em outros dispositivos que não o artigo 190 do CPC/2015, não se podendo admitir que os demais negócios jurídicos processuais possam fugir à regra geral do artigo 190 do CPC/2015.

Pudemos identificar ainda que sob a batuta do CPC/2015 são diversas as modalidades dos negócios jurídicos processuais, que se diferenciam (i) pela previsão legal (típicos e atípicos); (ii) pela manifestação de vontade (unilaterais e bilaterais); (iii) pelo momento em que celebrados (antecedentes ou contemporâneos) e (iv) quanto ao objeto (os que afastam ou eliminam poderes – ônus, poderes, faculdades e deveres das partes, ou direitos processuais, ou que derrogam normas processuais).

No que se refere aos elementos, condições de validade e eficácia dos negócios jurídicos processuais do artigo 190, verificamos que as mesmas regras gerais aplicáveis a todo e qualquer negócio jurídico se aplicam à essa específica hipótese.

Elementos dos negócios jurídicos processuais, verdadeiros substantivos sem qualquer qualificação (qualificação que será verificável em outros campos, como o da validade e efetividade), são: (i) agente; (ii) manifestação da vontade; (iii) objeto (que aqui queremos entender como o objeto fisicamente plausível, palpável, que exista em concreto, e aqui não tratamos da sua juridicidade, que é noção subjetiva e, portanto, verificável nos demais planos).

Por outro lado, identificamos como condições de validade as *gerais*, quais sejam, (i) o agente capaz (artigo 104, I, do CC); (ii) o objeto lícito, que deve ser determinado ou determinável (artigo 104, II, do CC) e (iii) a forma prescrita e não defesa em lei (artigo 104, III, do CC) e, mesmo não previstas no dito artigo 104, a (iv) consensualidade e a (v) causa, que igualmente compõe este rol de condições (ou seja, do plano de validade Pontiano apenas adicionamos a causa como condição de validade).

As condições *específicas* de validade são divididas, por seu turno, em (A) *condições específicas objetivas de validade*, quais seja, (i) direitos que admitam autocomposição; (ii) questões que digam respeito ao procedimento e às especificidades da causa e (iii) temas circunscritos aos ônus, poderes, faculdades e deveres processuais das partes. E, ainda objetivamente falando, para ser considerado válido deverá ser (iv) chancelado pelo Poder Judiciário na forma prescrita pelo parágrafo único, do artigo 190 do CPC/2015 e (B) *condições específicas subjetiva de validade*, que caracteriza condição negativa, ou seja, para que o negócio jurídico seja válido, não se poderá fazer presente tal condição, que é a abusividade/vulnerabilidade, conforme esclarece o parágrafo único do artigo 190 do CPC/2015.

Ademais, como já vimos, o negócio jurídico pode existir, ser válido, mas em razão do não implemento de determinada condição, termo, modo ou encargo, sua eficácia pode encontrar-se inoperante, suspensa ou mesmo condicionada, residindo em tais noções o campo da sua eficácia, submetendo-se ainda os negócios jurídicos do artigo 190 do CPC/2015 ao mesmo sistema de nulidade e anulabilidade.

Quanto aos limites propriamente ditos dos negócios jurídicos processuais, todos eles já foram identificados, direta ou indiretamente, ao longo de toda a presente tese, mas para fins didáticos expressamente identificamos tais limites como (i) a linha vermelha do direito estrangeiro, atinente às normas cogentes; (ii) ao autorregramento (autonomia da vontade) que deverá sempre ser pautado pelo publicismo e pelo modelo constitucional do processo; (iii) ao direito indisponível; (iv) às condições de validade, bem como (v) aos sujeitos e aos limites subjetivos e à força obrigacional subjetiva de todo e qualquer negócio (relatividade dos efeitos).

Quanto aos direitos indisponíveis, concluímos que a indisponibilidade e impossibilidade de celebração de determinados negócios jurídicos processuais do artigo 190 do CPC/2015 dizem respeito exclusivamente à dimensão objetiva do que vier a ser considerado direito indisponível, e não à sua dimensão subjetiva. Assim sendo, não podem as partes negociar e dispor direitos e garantias fundamentais (os ditos direitos indisponíveis) abstratamente considerados, mas, se puderam fazê-lo, somente o poderão com relação a posições concretas subjetivamente ocupadas pelas partes, isto porque não se pode abrir mão de algo cuja titularidade não se possui.

Desse modo, temos para nós então que limite absoluto e inarredável dos negócios jurídicos processuais são as posições abstratas neles contidas, a proteção abstratamente considerada, que diz respeito ao seu conteúdo objetivo, de modo que em hipótese alguma se poderá renunciar abstratamente o direito de ação, o duplo grau de jurisdição, a integralidade abstratamente considerada da garantia do contraditório etc.

Contudo, cremos haver uma parte disponível dos direitos fundamentais, que é a posição subjetiva e concreta ocupada pelas partes em relação a tais direitos, que admite autocomposição em relação a tal parte que entendemos ser disponível, o que poderá ser tratado por meio dos negócios jurídicos do artigo 190 do CPC/2015, ressaltando-se, todavia, que nem todas as garantias e direitos fundamentais que pautam a noção do que vem a ser direito indisponível, possuem uma dimensão subjetiva, razão pela qual em tais hipótese não se poderá cogitar, de maneira alguma, da celebração de negócios jurídicos processuais do artigo 190 do CPC/2015 (garantia do juiz natural, da motivação das decisões, da independência da magistratura, provas ilícitas etc.).

Nesse diapasão e respeitadas as regras que identificamos no presente trabalho, inúmeras são as hipóteses passíveis que contratação de negócios jurídicos processuais, dentre as quais destacamos os negócios jurídicos processuais que digam respeito (i) à cláusula *non petendo* (*stay period*) e limitação do objeto litigioso; (ii) a provas; (iii) a matéria recursal; (iv) às execuções e (v) aos prazos.

No nosso sentir, essa figura dos negócios jurídicos processuais tal como prevista pelo artigo 190 do CPC/2015 ganhará gradativamente maior relevância no nosso ordenamento e, desde que se submeta a tudo quanto aqui afirmamos, será de enorme valia e representará importante figura que propiciará uma concessão mais ágil, econômica e justa da tutela jurisdicional.

REFERÊNCIAS

Almeida, Diogo Assumpção Rezende de. *A contratualização do processo. Das convenções processuais no processo civil. De acordo com o novo CPC*. São Paulo: LTr, 2015.

_____. "As convenções processuais na experiência francesa e no Novo CPC". In: Cabral, Antonio do Passo; Nogueira, Pedro Henrique (Coord.). *Negócios processuais*. 1. ed. São Paulo: Juspodivm, 2015. p. 245-268.

Arangio-Ruiz, Vicente. *Historia del derecho romano*. Trad. de la 2. ed. italiana. Madrid: Reus, 1943.

Bomfim, Daniela Santos. "A legitimidade extraordinária de origem negocial". In: Cabral, Antonio do Passo; Nogueira, Pedro Henrique (Coord.). *Negócios processuais*. 1. ed. São Paulo: Juspodivm, 2015. p. 335-352.

Brito, Wanda Ferraz; Mesquita, Duarte Romeira de. *Código de Processo Civil – Anotado*. 18. ed. Coimbra: Almedina, 2009.

Bruschi, Gilberto Gomes (Coord.). *Panorama atual das tutelas individuais e coletivas. Estudos em homenagem do Professor Sérgio Shimura*. 1. ed. São Paulo: Saraiva, 2011.

Bueno, Cassio Scarpinella. *Curso sistematizado de direito processual*, vol. 1. 3. ed. São Paulo: Saraiva, 2014.

Bülow, Oskar von. *Teoria das exceções e dos pressupostos processuais*. Campinas: LZN, 2003.

Cabral, Antônio do Passo. *Convenções processuais. Entre publicismo e privatismo*. Tese (Livre-docência) – Faculdade de Direito da Universidade de São Paulo, 2015.

Cabral, Antônio do Passo; Nogueira, Pedro Henrique (Coord.). *Negócios processuais*. 1. ed. São Paulo: Juspodivm, 2015.

Cadiet, Loïc. "La desjudicialización – informe introductorio". In: Nogueira, Pedro Henrique; Cavani, Renzo. (Coord.). *Convenciones procesales. Estudios sobre negocio jurídico y proceso*, vol. 1. Lima: Raguel, 2015.

_____. *Los acuerdos procesales en derecho francés: situación actual de la contractualización del proceso y de la justicia en Francia.* Disponível em: <http://www.civilprocedurereview.com/buscaeng/baixa_arquivo.php?id=59>. Acesso em: 13/12/2015.

CÂMARA, Alexandre Freitas. *Lições de direito processual civil.* 25. ed. São Paulo: Atlas, 2014.

CÂMARA, Helder Moroni. *A nova adjudicação na execução civil.* Florianópolis: Conceito Editorial, 2013.

_____ (Coord.). *Comentários ao novo* Código de Processo Civil. 1. ed. São Paulo: Almedina, 2016. No prelo.

CAPONI, Remo. "Autonomia privada y processo civil: los acuerdos procesales". In: NOGUEIRA, Pedro Henrique; CAVANI, Renzo. (Coord.). *Convenciones procesales. Estudios sobre negocio jurídico y proceso.* Lima: Raguel, 2015. p. 59-84

CARMONA, Carlos Alberto. *Arbitragem e processo – um comentário à Lei nº 9.307/96.* 3. ed. São Paulo: Atlas, 2009.

CASTILLO, Niceto Alcalá-Zamora y. *Estudios de teoría general e historia del proceso*, t. II. México: UNAM, 1974.

CINTRA, Antonio Carlos de Araujo; GRINOVER, Ada Pelegrini; DINAMARCO, Cândido Rangel. *Teoria geral do processo.* 29. ed. São Paulo: Malheiros, 2013.

COELHO, Fábio Ulhoa. *Curso de direito civil. Parte geral.* 7. ed. São Paulo: Saraiva, 2014.

CORRÊA, Fábio Peixinho Gomes. "Negócios jurídicos processuais: uma nova fronteira?" *Revista do Advogado: O Novo Código de Processo Civil.* Ano XXXV, n. 126, Maio de 2015. p. 76-81.

COSTA, Eduardo José da Fonseca. "Comentários ao artigo 191". In: CÂMARA, Helder Moroni (Coord.). *Comentários ao novo* Código de Processo Civil. 1. ed. São Paulo: Almedina, 2016. No prelo.

COSTA, Ernane Fidélis da. *Manual de direito processual civil: processo de conhecimento*, vol. 1. 13. ed. São Paulo: Saraiva, 2009.

CUNHA, Leonardo Carneiro. "Negócios jurídicos processuais no processo civil brasileiro". In: CABRAL, Antonio do Passo; NOGUEIRA, Pedro Henrique (Coord.). *Negócios processuais.* 1. ed. São Paulo: Juspodivm, 2015.

_____. "Comentários ao Artigo 190". In: CABRAL, Antonio do Passo; CRAMER, Ronaldo (Coord.). *Comentários ao Novo Código de Processo Civil.* 1. ed. Rio de Janeiro: GEN-Forense, 2015. p. 321-329.

DAVIS, Kevin E.; HERSHKOFF, Helen. "Contracting for procedure". *William and Mary Law Review.* Volume 53, Issue 2 (November 2011). Disponível em: <http://wmlawreview.org/contracting-procedure>. Acesso em: 01/07/2015. Também in: CABRAL, Antonio do Passo; NOGUEIRA, Pedro Henrique (Coord.). *Negócios processuais.* 1. ed. São Paulo: Juspodivm, 2015. p. 131-178.

DIAS, Ronaldo Brêtas de Carvalho. *Processo constitucional e Estado democrático de direito*. 3. ed. Belo Horizonte: Del Rey, 2015.

DIDIER JR, Fredie; EHRHARDT JR, Marcos. *Revisitando a teoria do fato jurídico. Homenagem a Marcos Bernardes de Mello*. São Paulo: Saraiva, 2010.

_____. "Princípio do respeito ao autorregramento da vontade no processo civil". Disponível em: <http://www.tex.pro.br/index.php/artigos/306-artigos-jun-2015/7187-principio-do-respeito-ao-autorregramento-da-vontade-no-processo-civil>. Acesso em: 01/07/2015.

DINAMARCO, Cândido Rangel. *Instituições de direito processual civil*, vol. 2. 6. ed. São Paulo: Malheiros, 2009.

DINIZ, Maria Helena. *Curso de direito civil brasileiro. Teoria geral do direito civil*, vol. 1. 32. ed. São Paulo: Saraiva, 2015.

DODGE, Jaime. "The limits of procedural private ordering". Virginia Law Review. v. 97, n. 4, Junho/2011. p. 723-799. Disponível em < http://virginialawreview.org/sites/ virginialawreview.org/files/723.pdf>. Acesso em: 10/01/2016.

ENCINAS, Emilio Eiranova Encinas; MÍGUEZ, Miguel Lourido. *Código procesal civil alemán*. Madrid: Marcial Pons, 2001.

FARIA, Marcela Kohbalch de. "Negócios jurídicos processuais unilaterais e o requerimento de parcelamento do débito pelo executado". In: CABRAL, Antonio do Passo; NOGUEIRA, Pedro Henrique (Coord.). *Negócios processuais*. 1. ed. São Paulo: Juspodivm, 2015. p. 281-296.

FILHO, Vicente Greco. *Direito processual civil brasileiro*, vol. 2. 20. ed. São Paulo: Saraiva, 2009.

FUX, Luiz. "Processo e Constituição". In: FUX, Luiz (Coord.). *Processo constitucional*. 1. ed. Rio de Janeiro: GEN – Forense, 2013.

GILISSEN, John. *Introdução histórica ao direito*. 4. ed. Lisboa: Calouste-Gulbenkian, 2003.

GIRARD, Paul Frédéric. *Manuel élémentaire de droit romain*. 8. ed. Paris: Dalloz, 2003.

GODINHO, Robson Renault. "A possibilidade de negócios jurídicos processuais atípicos em matéria probatória". In: CABRAL, Antonio do Passo; NOGUEIRA, Pedro Henrique (Coord.). *Negócios processuais*. 1. ed. São Paulo: Juspodivm, 2015.

GOLDSCHMIDT, James. *Derecho procesal civil*. 2. ed. Barcelona: Labor, 1936.

GOMES, Orlando. *Obrigações*. 16. ed. Rio de Janeiro: Forense, 2006.

GONÇALVES, Aroldo Plínio. *Técnica processual e teoria do processo*. 2. ed. Belo Horizonte: Del Rey, 2012.

GONÇALVES, Carlos Roberto. *Direito civil brasileiro: parte geral*, vol. 1. 5. ed. São Paulo: Saraiva, 2007.

Gouveia Filho, Roberto Campos; Teixeira Jr, Jaldemiro Rodrigues de Ataíde. "Comentários ao artigo 190". In: Câmara, Helder Moroni (Coord.). *Comentários ao novo Código de Processo Civil*. 1. ed. São Paulo: Almedina, 2016. No prelo.

Greco, Leonardo. "Os atos de disposição processual: primeiras reflexões". In: Medina, José Miguel et al. *Os poderes do juiz e o controle das decisões judiciais: estudos em homenagem à Professora Teresa Arruda Alvim Wambier*. São Paulo: RT, 2008. p. 290-304.

Greco Filho, Vicente. *Direito processual civil brasileiro*, vol. 2. 20. ed. São Paulo: Saraiva, 2009.

Guasp, Jaime; Aragoneses, Pedro. *Derecho procesal civil*, tomo I. 7. ed. Madrid: Thomson Civitas, 2006.

Hartmann, Rodolfo Kronenberg. *Curso completo de processo civil*. Niterói: Impetus, 2014.

Houaiss, Antônio. *Houaiss eletrônico*, versão 3.0. São Paulo: Objetiva, 2009.

Kern, Christoph A. *Procedural contracts in Germany*. In: Cabral, Antonio do Passo; Nogueira, Pedro Henrique (Coord.). *Negócios processuais*. 1. ed. São Paulo: Juspodivm, 2015. p. 179-191

Lacerda, Galeno. "O Código e o formalismo processual". *Revista da AJURIS*. Porto Alegre, 1983, 28/8.

Lima, Bernardo Silva de. "Sobre o negócio jurídico processual". In: Didier Jr, Fredie; Ehrhardt Jr, Marcos (Coord.). *Revisitando a teoria do fato jurídico. Homenagem a Marcos Bernardes de Mello*. São Paulo: Saraiva, 2010. p. 115-123.

Lipiani, Júlia; Siqueira, Marília. "Negócios jurídicos processuais sobre a fase recursal". In: Cabral, Antonio do Passo; Nogueira, Pedro Henrique (Coord.). *Negócios processuais*. 1. ed. São Paulo: Juspodivm, 2015. p. 445-480.

Lisboa, Roberto Senise. *Manual de direito civil*, vol. 1. 5. ed. São Paulo: Saraiva, 2009.

Lopes, João Batista. *Ação declaratória*. 6. ed. São Paulo: RT, 2009.

_____, João Batista. *Curso de direito processual civil*, vol. I. 1. ed. São Paulo: Atlas, 2008.

Lopes Júnior, Aury; Silva, Pablo Rodrigo Alflen. "Breves apontamentos *in memorian* a James Goldschmidt e a incompreendida concepção de processo como 'situação jurídica'". *Revista de Processo*. São Paulo: RT, ano 34, n. 176, out/2009. p. 349-373.

Lotufo, Renan. *Código Civil comentado*, vol. 1. São Paulo: Saraiva, 2003.

Macedo, Lucas Buril de; Peixoto, Ravi de Medeiros. "Negócio processual acerca da distribuição do ônus da prova". *Revista de Processo*. v. 241/2015. Mar / 2015. p. 463-487.

Marques, José Frederico. *Instituições de direito processual civil*, vol. I. 1. ed. atualizada. Campinas: Millenium, 2000.

MARTEL, Letícia de Campos Velho. "Direitos fundamentais indisponíveis – os limites e os padrões do consentimento para a autolimitação do direito fundamental à vida". Tese (doutorado) – Faculdade de Direito da Universidade do Estado do Rio de Janeiro, 2010.

MATTOS, Sérgio. "O princípio da adequação do processo na visão de Galeno Lacerda". *Revista de Processo*. Ano 38, v. 226, Dez/2013. p. 147-161.

MAZZEI, Rodrigo; CHAGAS, Bárbara Seccato Ruis. "Breve diálogo entre os negócios jurídicos processuais e a arbitragem". Revista de Processo. v. 237/2014. Nov / 2014. p. 223-235.

_____. "Os negócios jurídicos processuais e a arbitragem". In: CABRAL, Antonio do Passo; NOGUEIRA, Pedro Henrique (Coord.). *Negócios processuais*. 1. ed. São Paulo: Juspodivm, 2015. p. 521-540.

MEDINA, José Miguel Garcia. *Direito processual civil moderno*. 1. ed. São Paulo: Thomas Reuters – RT, 2015.

MEDINA, Paulo Roberto de Gouveia. *Direito constitucional processual*. 5. ed. Rio de Janeiro: GEN – Forense, 2012.

_____. *Teoria geral do processo*. 1. ed. Belo Horizonte: Del Rey, 2012.

MESQUITA, Miguel. *Código de Processo Civil*. 7. ed. Coimbra: Almedina, 2010.

MITIDIERO, Daniel Francisco. *Comentários ao Código de Processo Civil*. 1. ed. São Paulo: Memória Jurídica, 2005.

MONTEIRO, Washington de Barros; PINTO, Ana Cristina de Barros Monteiro França. *Curso de direito civil*, vol. 1. 44. ed. São Paulo: Saraiva, 2012.

MOREIRA, Alberto Camiña; ALVAREZ. Anselmo Prieto; BRUSCHI, Gilberto Gomes (Coord.). *Panorama atual das tutelas individuais e coletivas. Estudos em homenagem do Professor Sérgio Shimura*. 1. ed. São Paulo: Saraiva, 2011.

MOREIRA ALVES, José Carlos. *Direito romano*, vol. I. 11. ed. Rio de Janeiro: Forense, 1998.

MOREIRA, José Carlos Barbosa. *Temas de direito processual civil. Terceira série*. São Paulo: Saraiva, 1984.

NERY JÚNIOR, Nelson; NERY, Rosa Maria de Andrade. *Código de Processo Civil comentado*. 4. ed. rev. ampl. São Paulo: RT, 1999.

NEVES, Daniel Amorim Assumpção. *Manual de direito processual civil*. 3. ed. São Paulo: Gen-Método, 2011.

NOGUEIRA, Pedro Henrique Pedrosa. *Negócios jurídicos processuais: análise dos provimentos judiciais como atos negociais*. Tese (doutorado) – Faculdade de Direito da Universidade Federal da Bahia, 2015.

NOGUEIRA, Pedro Henrique; CAVANI, Renzo (Coord.). *Convenciones procesales. Estudios sobre negocio jurídico y proceso*. Lima: Raguel Ediciones, 2015.

OLIVEIRA, Paulo Mendes de. "Negócios processuais e o duplo grau de jurisdição". In: CABRAL, Antonio do Passo; NOGUEIRA, Pedro Henrique (Coord.). *Negócios processuais*. 1. ed. São Paulo: Juspodivm, 2015. p. 417-443.

Oliveira Neto, Olavo de; Medeiros Neto, Elias Marques; Oliveira, Patrícia Elias Cozzolino de. *Curso de direito processual civil*, vol. 1. 1. ed. São Paulo: Editora Verbatim, 2015.

Oliveira Neto, Olavo; Oliveira, Patrícia Elias Cozzolino de. "O processo como instituição constitucional". In: Moreira, Alberto Camiña; Alvarez. Anselmo Prieto; Bruschi, Gilberto Gomes (Coord.). *Panorama atual das tutelas individuais e coletivas. Estudos em homenagem do Professor Sérgio Shimura*. 1. ed. São Paulo: Saraiva, 2011. p. 627-641.

Passos, José Joaquim Calmon de. *Esboço de uma teoria das nulidades aplicadas às nulidades processuais*. Rio de Janeiro: Forense, 2005.

pereira, Caio Mário da Silva. *Instituições de direito civil*, vol. III. Rio de Janeiro: Forense, 2007.

Petit, Eugène. *Tratado elemental de derecho romano*. Traducido de la novena edición francesa por D. José Ferrández González. Madrid: Saturnino Calleja, [19–].

Pontes de Miranda, Francisco Cavalcanti. *Comentários ao Código de Processo Civil. Tomo III: arts. 154-281*. Rio de Janeiro: Forense, 1973.

Reale, Miguel. *Lições preliminares de direito*. 8. ed. São Paulo: Saraiva, 1981.

Redondo, Bruno Garcia. "Negócios processuais: necessidade de rompimento radical com o sistema do CPC/1973 para a adequada compreensão da inovação do CPC/2015". In: Almeida, Diogo Assumpção Rezende de; Cabral, Antonio do Passo; Nogueira, Pedro Henrique (Coord.). *Negócios processuais*. 1. ed. São Paulo: Juspodivm, 2015. p. 269-278.

Rosemberg, Leo. *Tratado de derecho procesal civil*, t. I. 5 ed. Buenos Aires: EJEA, 1955.

Santos, Moacyr Amaral. *Primeiras linhas de direito processual civil*, vol. 1. 29. ed. São Paulo: Saraiva, 2012. p. 306.

Satta, Salvatore. *Manual de derecho procesal civil*, vol. I. Buenos Aires: EJEA, 1972.

Silva, Beclaute Oliveira. "Verdade como objeto do negócio jurídico processual". In: Cabral, Antonio do Passo; Nogueira, Pedro Henrique (Coord.). *Negócios processuais*. 1. ed. São Paulo: Juspodivm, 2015.

Silva, Paula Costa e. "*Pactum de non petendo*: exclusão convencional do direito de acção e exclusão convencional da pretensão de direito material". In Silva, Antonio do Passo; Nogueira, Pedro Henrique (Coord.). *Negócios processuais*. 1. ed. São Paulo: Juspodivm, 2015.

Talamini, Eduardo. "Um processo pra chamar de seu: nota sobre os negócios jurídicos processuais". Disponível em: <http://www.migalhas.com.br/dePeso/ 16,MI228734,61044-Um+processo+pra+chamar+de+seu+nota+sobre+o s+negócio s+juridicos>. Acesso em: 01/07/2015.

Tartuce, Flávio. *O novo CPC e o direito civil. Impactos, diálogos e interação.* São Paulo: GEN Método, 2015.

Teixeira Jr, Jaldemiro Rodrigues de Ataíde. "Negócios jurídicos materiais e processuais – existência, validade e eficácia – campo-variável e campos--dependentes: sobre os limites dos negócios jurídicos processuais". Revista de Processo. v. 244/2015. Jun / 2015. p. 393-423.

Theodoro Júnior, Humberto. *Curso de direito processual civil,* vol. I. 47. ed. atual. Rio de Janeiro: Forense, 2007.

Theodoro Júnior, Humberto; Nunes, Dierle; Bahia, Alexandre Melo Franco; Pedron, Fábio Quinaud. *Novo CPC – fundamentos e sistematização. Lei 13.105, de 16.03.2015.* 2. ed. Rio de Janeiro: GEN Forense, 2015. p. 257 e segs.

Venosa, Silvio de Salvo. *Direito civil. Parte geral,* vol. I e II. 15. ed. São Paulo: Atlas, 2015.

Véscovi, Enrique. *Teoría general del proceso.* 2. ed. Santa Fé de Bogotá: Editoral Temis S.A., 1999.

Wambier, Luiz Rodrigues et al. *Curso avançado de processo civil,* vol. 1. 9. ed. São Paulo: RT, 2007.

William And Mary Law Review. Volume 53. Issue 2 (November 2011). Disponível em: <http://wmlawreview.org>. Acesso em: 01/07/2015.

Yarshell, Flávio Luiz. "Convenção das partes em matéria processual: rumo a uma nova era?". In: Cabral, Antonio do Passo; Nogueira, Pedro Henrique (Coord.). *Negócios processuais.* 1. ed. São Paulo: Juspodivm, 2015. p. 63-79.

ÍNDICE

Introdução	19
1. Processo e procedimento: natureza jurídica e principais concepções	23
2. Negócio jurídico processual no direito estrangeiro	47
3. Negócio jurídico processual brasileiro em espécie	63
4. Elementos e condições do negócio jurídico processual	85
5. Limitações ao negócio jurídico processual brasileiro	125
6. Negócios jurídicos processuais do artigo 190 em espécie	143
Conclusões	165
Referências	171